新 일본어능력시험

JLPT
적중예상
문제집
国書日本語学校 편저
N2

시사일본어사

머리말

전세계에서 56만명(2008년)이 시험을 보는 일본어능력시험이 2010년 7월 새로운 시험으로 다시 태어납니다.

「新일본어 능력시험」은 일본어를 배우고 사용하는 광범위한 사람을 대상으로, 그 사람의 일본어능력을 측정하는 시험이라는 것은 전과 다르지 않습니다만, 일본어 지식에만 치우치지 않고 그것을 실제로 사용해서 커뮤니케이션이 가능한 능력을 측정하는 것을 중시하는 것으로 바뀌었습니다. 문제 내용도, 이것을 반영해서 크게 바뀝니다.

이 예상문제집은 2009년 8월에 개정 내용을 정리해서 공표된 「새로운 '일본어 능력시험' 가이드북」과 「새로운 '일본어능력시험' 예시문제집」을 바탕으로 어떤 문제를 생각할 수 있는가, 시험삼아 작성한 것입니다. 한정된 예문에서 예상해서 작성했기 때문에, 반드시 이 문제가 출제된다는 것은 아니지만 우선, 다양한 형식의 문제를 풀어보는 것도 좋을 것이라는 생각으로 문제를 만들었습니다. 이미 제 1회 시험을 목표로 공부를 시작한 학습자도 있을 것이라고 생각합니다. 조금이라도 그 준비에 도움이 되었으면 합니다.

***

본 책은 2부로 구성되어 있으며, 제 1부는 「언어지식(문자·어휘·문법)·독해」, 제 2부는 「청해」입니다. 「독해」 문제에서는 원문에 한자 읽는 법을 단다든가, 「注」를 첨가한 문장이 있습니다. 「청해」에서는 「가이드북」에는 문제의 지시문도 음성에 들어 있습니다만 본 책에서는 생략했습니다.

2010년 1월
편저자 일동

목차 →→→

新일본어
능력시험에 대해

새로운 일본어능력시험이란　　　　　→ → →

2010년 7월부터 "새로운 일본어능력시험"(이하 新시험)이 실시됩니다. 新시험은 지금까지와 마찬가지로 원칙적으로 일본어를 모국어로 하지 않는 사람을 대상으로 일본어능력을 측정하고 인정하는 것을 목적으로 합니다.

2009년까지의 일본어능력시험(이하 구시험)은 언어지식에 관한 문제가 배점의 절반을 차지하였지만 新시험은 종래의 문법, 문자 · 어휘 등 언어지식을 측정함과 동시에 그 언어지식을 실제로 사용하여 커뮤니케이션을 하고 과제를 수행하는 능력이 있는가 없는가를 측정하는 시험으로 바뀝니다.

2009년 7월 주최단체인 독립행정법인 國際交流基金과 재단법인 日本國際教育支援協會에서 "새로운 '일본어능력시험'가이드북"(이하 가이드북)을 발표하였습니다. 가이드북에는 개정포인트 및 新시험개요 등이 기재되었습니다. 아래에 이 가이드북에 근거하여 新시험이 어떻게 바뀌는지 N1~N3 을 중심으로 함께 보기로 합시다. 크게 바뀌는 부분은 아래와 같은 5가지입니다.

1　　레벨이 4단계에서 5단계로 조정된다.

구시험은 4단계(1급~4급)로 나누었지만 新시험은 5단계(N1~N5)로 바뀝니다. 구시험의 2급과 3급 사이에 "N3"이라는 레벨이 새롭게 생기는데 이것은 "3급에는 합격했는데 2급은 합격하기가 좀처럼 쉽지 않다"고 하는 의견이 많이 반영되어 거기에 맞춰 새로 만들어진 것입니다.
구시험과 新시험의 레벨 비교는 아래와 같습니다.

　　N1 → 구시험의 1급보다 약간 높은 레벨(합격 라인은 구시험과 거의 같다).
　　N2 → 구시험의 2급과 거의 같은 레벨.
　　N3 → 신설 레벨. 구시험의 2급과 3급의 사이의 레벨.
　　N4 → 구시험의 3급과 거의 같은 레벨.
　　N5 → 구시험의 4급과 거의 같은 레벨.

2　　시험과목과 시험시간이 바뀐다.

시험과목이 아래와 같이 바뀝니다.
N1과 N2은 "언어지식(문자 · 어휘 · 문법) · 독해"와 "청해" 두 개 과목입니다.
N3, N4, N5은 "언어지식(문자 · 어휘)", "언어지식(문법) · 독해", "청해" 세 개 과목입니다.

시험시간은 아래와 같습니다. N1은 "언어지식 · 독해"가 110분, "청해"가 60분이고, N2는 "언어지식 · 독해"가 105분, "청해"가 50분이며, N3은 "언어지식(문자 · 어휘)"가 30분, "언어지식(문법) · 독해"가 70분, "청해"가 40분입니다.

N4은 "언어지식(문자 · 어휘)"가 30분, "언어지식(문법) · 독해"가 60분, "청해"가 35분이며, N5는 "언어지식(문자 · 어휘)"가 25분, "언어지식(문법) · 독해"가 50분, "청해"가 30분입니다.

3 합격여부 판정은 종합득점(綜合得点)과 구분득점(區分得点)이 기준점(基準点)에 도달했는가에 따라 정해진다.

구시험에서는 종합득점으로 합격여부가 판정되었지만 新시험에서는 종합득점과 구분득점(과목별 득점), 둘 다 기준점에 도달했냐에 따라 합격여부를 판정합니다. 기준점에 도달하지 못한 구분득점이 하나라도 있으면 불합격이 됩니다. 구분득점에 기준점을 정한 것은 학습자의 일본어 능력을 종합적으로 판단하기 위해서 입니다.

득점구분은 N1, N2, N3은 "언어지식(문자 · 어휘 · 문법)", "독해", "청해" 세 부분으로 나뉘여지며 각 구분의 득점범위는 0~60이고 종합득점 범위는 0~180입니다.

N1, N2는 "언어지식(문자 · 어휘 · 문법) · 독해"가 득점구분의 "언어지식(문자 · 어휘 · 문법)"과 "독해"에 해당하며, "청해"가 "청해"에 해당합니다.

N3은 시험과목의 "언어지식(문자 · 어휘)"가 득점구분의 "언어지식(문자 · 어휘 · 문법)"에, "언어지식(문법) · 독해"가 득점구분의 "독해"에, "청해"가 "청해"에 해당합니다.

N1, N2, N3에서는 학습 단계의 특징에 따라 "언어지식"과 "독해"를 서로 다른 두 가지 능력으로 측정합니다. 언어지식을 사용하여 과제를 수행하는 능력은 독해로 측정하고, 청해부분은 보다 실생활에 가까운 형식으로 나타나기 때문에, 이러한 부분이 시험문제에도 쉽게 반영되게 하기 위해서 입니다. 그러므로 실생활에 입각한 커뮤니케이션 능력을 밸런스 맞게 공부할 필요가 있습니다.

다만 기준점이 몇 점인가에 대해서는 2010년 중에 결정된다고 합니다.

4 득점등화(得点等化)를 실시한다.

다른 시기에 실시되는 시험은 출제되는 문제가 다르기 때문에 불가피하게 시험의 난이도에 변동이 생깁니다. 新시험에서는 다른 시기에 시험을 치러도 시험의 난이도에 관계없이 같은 실력이면 같은 득점이 되도록 "등화"를 행합니다. 다른 시기에 받은 시험의 결과를 공통된 척도상의 득점으로 나타내어 비교가 될 수 있게 합니다.

5 "일본어능력시험 Can-do리스트"를 제공한다.

시험에 합격해도 배운 일본어를 사용하여 실생활에서 무엇을 할 수 있는지를 모르는 수험자가 많습니다. 따라서 新시험은 각 레벨마다 이 레벨에 합격한 수험자는 일본어로 이런 경우에 이런 표현이 가능하다는 예를 제시한 리스트(Can-do리스트)를 제공할 예정입니다. 예를 들면, "쓴다 : 감사나 사죄, 감정을 전하는 편지나 메일을 쓸 수 있다", "말하다 : 아르바이트나 직장 면접에서 희망사항이나 경험담을 자세하게 말할 수 있다"와 같은 형식입니다.

다만 이 리스트는 아직 발표되지 않았으며 2010년도 중에 제공된다고 합니다.

新시험의 내용에 대하여 →→→

여기에서는 新시험의 구성에 대해서 함께 보기로 합시다. N2은 아래와 같습니다.

✱언어지식 · 독해

✽문자 · 어휘
한자읽기 5문제, 표기 5문제, 語형성 5문제, 문맥규정 7문제, 유의어로 바꾸기 5문제, 용법 5문제.

✽문법
문장의 문법1(문법형식 판단) 12문제, 문장의 문법2(문장조립) 5문제, 글의 문법 5 문제.

✽독해
내용이해(단문) 5문제, 내용이해(중문/짧지도 길지도 않은 문장) 9문제, 통합이해 2문제, 주장이해(장문) 3문제, 정보검색 2문제.

✱청해

과제이해 5문제, 포인트이해 6문제, 개요이해 5문제, 즉시응답 12문제, 통합이해 4문제.

✱新시험에서 측정하는 지식과 능력은 어떤 것들인가?

앞에서도 언급하였지만 新시험은 "문법이나 문자 · 어휘 등의 언어지식을 측정하는 동시에 그 지식을 사용하여 실제로 과제 수행을 위한 언어커뮤니케이션 능력의 여부"(가이드북 인용문)를 측정하는 시험입니다.

그럼 여기에서 말하는 "과제"란 구체적으로는 어떤 것을 가리킬까요? 가이드북에 의하면 新시험에서는 학습자가 현재 또는 앞으로 일본어를 쓴다고 예상되는 상황을 "목표언어사용영역(이하 영역)"이라고 설정하고 이 영역에서 수행하는 빈도가 높다고 생각되는 "목표언어사용과제(이하 과제)"를 선택하여 출제한다고 합니다. 또한, 과제가 부과되는 "영역"은 구시험 응모자들의 소속이나 수험목적 등 설문조사의 결과를 기초로 3 가지 즉 "학교", "취업", "생활"을 단서로 시험범위를 확정한다고 합니다.

즉, 각 영역의 특징을 가진 폭넓은 문제가 출제되므로 레벨에 따라서 비중은 다를지라도 한 방면에 치우치지 않고 다양한 장면에서 사용되는 일본어 능력을 요구한다고 말할 수 있겠습니다.

그럼 그 과제가 어떠한 형태로 출제되는지 아래에서 구체적으로 시험과목의 분류에 따라 보기로 합시다.

1 | 언어지식(문자 · 어휘)

　가이드북에는 "문자 · 어휘"의 지식은 "어느 만큼의 단어를 알고 있는가", "어느 한 단어에 대해서 어느 정도 자세하게 알고 있는가"(가이드북 인용문) 라는 두 가지 관점에서 평가한다고 쓰여 있습니다.

　"어느 한 단어에 대해서 어느 정도 자세하게 알고 있는가"(가이드북 인용문)는 "語의 형식", "의미", "용법"의 3가지 요소로 구성된다고 기재되어 있습니다. 구시험의 "문자 · 어휘"는 "인정 기준"에 기재되어 있는 단어를 습득하는 것을 전제로 이 3가지 요소를 측정하는 문제가 출제되었습니다. 新시험에서도 같은 형식으로 이 3가지 요소를 측정한다고 합니다.

　"문자 · 어휘"는 6개의 큰 문제, 즉 "한자읽기", "표기", "語형성", "문맥규정" "유의어로 바꾸기", "용법"으로 출제됩니다. 과제를 수행하기 위한 언어 커뮤니케이션 능력을 뒷받침하는 언어지식을 語의 형식, 의미, 용법 등 3 가지 측면에서 측정합니다.

"語의 형식에 관한 지식을 측정하는 문제"

　"한자읽기", "표기", "語형성"의 3가지 큰 문제가 출제됩니다. "한자읽기"는 한자로 쓰인 단어의 읽는 방법을 쓰는 문제이고, "표기"는 히라가나로 쓰인 단어를 한자표기나 가타카나표기(N5만)로 쓰는 문제이며, "語형성"은 파생어나 복합어에 관한 문제입니다. 語형성은 N2에만 설정된 문제이지만 N1과 N3에서는 다른 문제에서 출제될 가능성이 있다고 합니다. 한편 "표기"와 "語형성"의 큰 문제는 N1에서는 출제되지 않습니다.

"語의 의미에 관한 지식을 측정하는 문제"

　"문맥규정"과 "유의어로 바꾸기" 2가지 큰 문제가 출제됩니다. "문맥규정"은 글중에 한 개의 빈칸이 있는데 거기에 제일 적합한 단어를 4개의 선택지(注)중에서 고르는 문제입니다. "유의어로 바꾸기"는 출제된 단어를 바꾸어 말할 경우, 의미가 가장 가까운 단어나 표현을 4개 선택지중에서 선택하는 문제입니다. 문맥규정과 유의어로 바꾸기는 N1~N5의 모든 레벨에서 출제됩니다.

注: 본서에서는 가이드북에 따라 "선택지"의 한자를 "選択肢"가 아닌"選択枝"를 사용하였습니다.

"語의 용법에 관한 지식을 측정하는 문제"

　"용법"이라는 큰 문제가 1개 출제됩니다. 단어가 문장속에서 어떻게 사용되는 것이 정확한가를 4개의 선택지에서 선택합니다. 품사나 단어가 어떤 단어와 함께 사용되는가 라는 관점에서 단어의 용법에 관한 지식을 묻는 문제입니다. N1~N4에서 모두 출제됩니다.

2　**언어지식(문법)**

　“문법”지식은 “문법형식과 그 의미 · 용법에 관한 지식”(가이드북 인용문)과 “텍스트 (문장) 특성에 관한 지식”(가이드북 인용문)의 두 가지 관점에서 평가한다고 가이드북 에는 쓰여 있습니다.

　문장을 만들 경우, 단어만을 나열해 놓는다고 의미가 통하는 문장이 되는 것이 아닙 니다. 단어를 활용하고 적합한 조사를 사용하여 단어와 단어를 자연스럽게 연결시켜야 합니다. 또한 문장을 열거해 놓는 것만으로는 탄탄하게 연결된 연관성이 있는 문장이 되지 않습니다. 연관된 문장으로 하기 위해서는 적당한 접속사를 사용하거나 시점을 통일시키는 등 지식이 필요합니다. 이런 부분을 측정하는 것이 “문법”입니다.

　“문장의 문법 1(문법형식 판단)”, “문장의 문법 2 (문장 조립)”, “글의 문법”이라는 3 가지 큰 문제가 설정되며 모든 레벨에서 출제됩니다.

“문법형식과 그 의미 · 용법에 관한 지식을 측정하는 문제”

　“문장의 문법 1(문법형식 판단)”과 “문장의 문법 2 (문장 조립)”라는 2가지 큰 문제가 출제됩니다.

　“문장의 문법 1(문법형식 판단)”은 “문장의 내용에 맞은 문법형식인가 아닌가를 판 단할 수 있는가”(가이드북 인용문)를 측정하는 문제입니다. 문제는 한 문장에 빈칸을 만들어서 거기에 제일 적합한 것을 선택지 4개중에서 고르는 형식입니다.

　“문장의 문법 2 (문장 조립)”은 “문장의 구성에 맞게 정확하면서도 의미가 있는 문장 을 조립할 수 있는가”를 측정하는 문제입니다. 문제는 4개의 선택지에서 제시해준 단 어를 다시 열거하여 정확한 순서로 만들때 그 문장의 지정된 위치에 적합한 단어를 고 르는 형식으로 출제됩니다.

“텍스트(문장) 특성에 관한 지식을 측정하는 문제”

　“글의 문법”이라는 큰 문제가 출제됩니다. “문장의 흐름에 맞은 문장인가를 판단할 수 있는가”(가이드북 인용문)를 측정하는 문제입니다. 문제는 어떤 연관된 문장에 빈 칸을 만들어 거기에 적합한 단어나 표현을 4개의 선택지에서 고르는 형식입니다.

3　**독해**

　문제전체의 구성으로 볼 때 독해는 N1~N3레벨에서는 그 비율이 구시험보다 더 높 아집니다. 가이드북에는 독해는 “어떤 텍스트(문장)에서”“어떤 정보를 얻는가”(가이드 북 인용문)라는 2개의 관점에서 과제를 설정한다고 쓰여 있습니다.

　출제되는 문장의 테마나 내용은 다양하며 학습에 관한 것, 실생활에서 많이 볼 수 있 는 실용적인 것, 업무에 관한 것 등이 있습니다. 문장의 종류는 설명문, 의견문, 평론 · 에세이, 일상생활에서 흔히 보는 연락 · 안내, 업무용 문서 등이 있습니다. 길이는 레벨 에 따라 다른데 단문, 중문, 장문으로 나누어 진다고 합니다.

가이드북에 의하면 어떠한 정보를 얻는가는 다음 4가지 문장 독해법을 바탕으로 문제를 설정하는데 그 중의 한 가지 혹은 여러가지가 조합된 독해법을 요구하는 문제가 출제된다고 합니다.

A_ 전체를 신속히 읽는다.
B_ 부분을 신속히 읽는다.
C_ 전체를 자세히 읽는다.
D_ 부분을 자세히 읽는다.
(가이드북 인용문)

큰 문제는 레벨에 따라 다릅니다.

"문장의 내용(부분내용)을 정확하게 이해하는 문제"

"내용이해"라는 큰 문제형식으로 모든 레벨에서 출제됩니다. 가이드북에 의하면 "언어지식을 이용하여 문장중의 세세한 부분을 자세히 읽고 정확하게 이해할 수 있는가를 중시"(가이드북 인용문)한다고 합니다. 문장에 쓰여 있는 사실관계, 이유, 원인파악을 묻는 문제가 출제됩니다. D의 "부분을 자세히 읽는다"라는 독해법을 요구하는 문제입니다.

"문장의 내용(보다 폭 넓은 부분 · 전체)을 정확하게 이해하는 문제"

이것도 "내용이해"라는 큰 문제인데 N1~N3 레벨에서 출제됩니다. 가이드북에서는 "문장 전체를 정확하게 파악하여 대의를 취하거나 키워드를 찾아내고 어떤 논리로 전개되고 있는가를 파악"(가이드북 인용문)하는 능력을 측정하는 문제라고 쓰여 있습니다. A와 C의 "전체를 신속히 / 자세히 읽는다"라는 독해법을 요구하는 문제입니다.

또 N1, N2에서는 "주장이해"라는 큰 문제가 있는데 논설문을 읽고 "문장에서 전하려는 주장이나 의견을 읽고 이해"(가이드북 인용문)할 수 있는가를 측정하는 문제입니다.

"서로 관련된 여러 개의 문장을 비교하거나 통합하는 문제"

"통합이해"라는 큰 문제로서 N1, N2레벨에서 출제됩니다. 가이드북에 의하면 "같은 화제를 다른 입장에서 쓴 2개의 문장을 읽고 그 차이점이나 혹은 같은 관점을 이해할 수 있는가"(가이드북 인용문)를 측정하는 문제라고 합니다. A와 D의 "전체를 신속히 / 부분을 자세히 읽는다"는 독해법을 요구하는 문제입니다.

"통지, 팜플렛에서 필요한 정보를 검색하는 문제"

"정보검색"이라는 큰 문제로서 모든 레벨에서 출제됩니다. 가이드북에는 "문장에서 목적이나 과제에 맞추어 필요한 정보를 찾아내는 것에 중점을 둔 문제"(가이드북 인용문) 라고 쓰여 있습니다. A와 B의 "전체 혹은 부분을 신속히 읽는다"라는 독해법을 요구하는 문제입니다.

4 청해

이번 개정에서 청해는 크게 바뀝니다. 구시험보다 문제수가 늘어나고 시험 전체에 있어서의 비중도 커집니다. 구시험에서는 그림이 있는 문제 Ⅰ 과 선택지를 음성으로 제시해주는 문제 Ⅱ 로 나누어졌었지만 新시험에서는 어떤 능력을 측정하는가, 그 내용에 따라 크게 두 가지 문제로 나누어집니다. 하나는 "내용의 이해여부를 측정하는 문제"(가이드북 인용문)이고, 또 하나는 "즉각적인 처리를 할 수 있는가를 측정하는 문제"(가이드북 인용문)입니다.

내용이해를 측정하는 문제는 "과제이해", "포인트이해", "개요이해", "통합이해" 등 4가지가 출제됩니다. 그리고 즉각적인 처리를 할 수 있는가를 측정하는 문제로서는 "즉시응답", "발화(發話)표현"이라는 문제가 출제되는데, 레벨에 따라 출제되는 문제가 다릅니다.

新시험에서는 실생활에서 쓰이는 커뮤니케이션에 필요한 청해능력이 있는가를 측정하기 위해서 보다 실생활에 가까운 과제를 택하여 출제한다고 가이드북에서는 강조하고 있습니다. 실생활에서는 들어야 할 포인트를 포착하여 듣거나 추측이나 메모를 하면서 들을 때가 있습니다. 新시험은 이러한 능력도 측정하는 시험이라고 말할 수 있을 것입니다. 또 그림이 있는 문제도 출제되는데 지금까지와는 달리 가능한 실제 생활에서 볼수 있는 테마를 주제로 한 문제가 출제된다고 합니다.

아래에서 각 문제들에 대해 자세히 보기로 합시다.

"내용이해 여부를 측정하는 문제"

① 과제이해

가이드북에는 "어떤 장면에서 구체적인 과제의 해결에 필요한 정보를 알아 듣고 적절한 행동을 취할 수 있는가를 측정하는 문제"(가이드북 인용문)라고 쓰여 있습니다. 장면설정과 질문을 음성으로 들려주는데 지시나 조언 등 대화를 듣고나서 어떤 행동을 취하는 것이 적당한지 선택지에서 고르는 형식입니다. 선택지는 문자로 나오는 문제와 그림으로 나오는 문제가 있습니다. 그림은 가능한 실생활에서 흔히 볼 수 있는 형식이 제시됩니다. "과제이해" 는 모든 레벨에서 출제됩니다.

가이드북에 소개되여 있는 질문형식 예제로는 「女の人はこの後、何をしなければなりませんか(N1)」「男の人は箱に何を入れますか(N2)」「女の人は、明日、何時までにホテルを出ますか(N3)」등이 있습니다. 본서에서는 이러한 문제 외에 상의하면서 자신이 담당해야 할 일을 파악하는 문제, 해야 할 일의 차례을 파악하는 문제, 해서는 안되는 일을 파악하는 문제도 실었습니다. 또 난이도는 높아지지만 N1에서는 해야 할 몇 가지 일들을 동시에 파악하는 문제도 실었습니다.

② 포인트이해

가이드북에는 "내용의 포인트를 포착하여 들을 수 있는가를 측정하는 문제"(가이드북 인용문)라고 쓰여 있습니다. 장면설정과 미리 알아 들어야 하는 포인트가 제시되고 문제를 듣기 전에 문제용지에 쓰여 있는 선택지를 읽어볼 시간이 주어집니다. 가이드북에 의하면 "N1, N2, N3 레벨에서는 말하는 사람의 심정이나 사건의 이유 등을 이해할 수 있는가, N4, N5레벨에서는 일정·장소 등 구체적인 정보를 알아들을 수 있는가"(가이드북 인용문)를 측정하는 문제가 주로 출제된다고 합니다.

질문형식에 관해서는 가이드북에는 다음과 같은 예제가 제시되어 있습니다. 「この男の人は先生がどうして怒ったと言っていますか(N1)」「女の子はどうして校へ行きたくないのですか(N2)」「男の人が自分で料理をしないのはどうしてですか(N3)」 본 문제집에서도 이런 문제들을 참고하여 주로 사건의 이유, 사람의 행동 뒤에 숨어있는 진의를 찾아내는 문제들을 작성했습니다.

③ 개요이해

가이드북에는 "문장 전체로부터 말하는 사람의 의도나 주장을 이해할 수 있는가를 측정하는 문제"(가이드북 인용문)라고 쓰여 있습니다. "과제이해"나 "포인트이해"의 문제와는 달리 녹음내용이 나오기 전에 「大の先生が話しています(N1)」「ある電店で店員が話しています(N2)」라는 상황설명이 제시될 뿐, 질문은 제시되지 않습니다. 녹음 내용을 들으면서 포인트라고 생각되는 곳을 메모하거나 이야기의 결말을 추측하거나 정리하면서 들을 필요가 있습니다. 높은 수준의 듣기능력이 필요하기 때문에 N1~N3에서만 출제되는 문제입니다.

가이드북의 예제를 보면 선거 연설이나 대학 강의(N1), 어떤 조사 결과의 설명이나 물건의 특징설명(N2), 친구끼리의 대화(N3)등이 출제됩니다. 레벨이 높을수록 딱딱한 내용이 많고 선택지 또한 녹음 내용에서 들려준 말을 다른 말로 바꿨거나 전체를 요약하면 무엇인가를 제시하는 표현으로 되어있는 것이 많다고 합니다. 본서에서도 연설, 강연, 친구와의 회화 등 가능한 폭넓은 화제들을 모아 레벨에 맞는 형식으로 문제를 작성했습니다.

④ 통합이해

가이드북에는 "내용이 보다 복잡하고 정보량이 많은 텍스트(문장)의 내용을 이해할 수 있는가(가이드북 인용문)를 측정하는 문제"라고 쓰여 있습니다. 예를 들면 세 사람의 대화이거나 혹은 두 종류의 녹음를 듣는 문제가 있다고 합니다. 여러 개 정보를 통합·비교·정리하면서 녹음내용을 들어야 하는 높은 수준의 능력이 필요하므로 N1, N2레벨에서만 출제됩니다.

「家族３人（父、母、息子）が、父親のタバコについて話しています(N2)」라는 예제에서는 세 사람의 대화를 들은 후「お父さんはなぜタバコを吸わないことにしましたか」라고 하는 질문이 있습니다. 선택지는 음성으로 흐르고 질문은 1개입니다.

또, N1의 예제에서는 한 점원이 쥬스의 설명을 하는 약간 긴 녹음내용을 들은 후 그 것을 들은 두 사람의 대화가 이어지는데 이 두 가지 녹음을 들은 다음에 2개의 질문이 나옵니다. 해답은 문제용지에 문자로 적혀 있는 4개의 선택지에서 고르게 되어 있습니다. 2개의 녹음 내용에서 말하는 정보를 메모를 하면서 듣는 동시에 머리 속에서는 그 것들을 비교ㆍ정리하면서 대답을 찾아야 합니다. 한편, 가이드북에는 주(注)의 형식으로 "이 외 타입의 문제도 출제될 가능성이 있습니다."(가이드북 인용문)라고 쓰여 있으므로 이 외 타입의 문제가 출제될 가능성도 있다고 생각해 두는 것이 좋을듯 합니다.

"즉각적인 처리를 할 수 있는가를 측정하는 문제"

⑤ 즉시응답

실생활속의 커뮤니케이션에서는 일방적으로 묻고 그 내용을 이해하는것 뿐만 아니라 상대방의 말을 듣고 어떻게 대응해야 하는가를 즉석에서 판단하는 능력이 필요합니다. 이러한 능력을 측정하는 문제의 하나가 바로 "즉시응답"입니다. 이 문제는 新시험에서 새로 생긴 출제형식입니다. 가이드북에는 "상대방의 말에 어떻게 답하는 것이 적당한가를 바로 판단할 수 있는가(가이드북 인용문)를 측정하는 문제" 라고 쓰여 있으며 N1~N5의 모든 레벨에서 출제됩니다.

음성형식으로 출제되는데 짧은 말과 그 말에 대한 응답이 제시됩니다. 짧은 질문이 나오고 나서 3개의 선택지를 차례로 읽고 그 중에서 가장 적절한 대답을 고르는 문제입니다. 「お客さんからの苦情が多くて仕事にならなかったよ。(N1)」라고 투덜거리는 동료를 보고 어떻게 말하는 것이 좋은가, 「今日ちょっと、って仕事してってもらえない？(N2)」라는 의뢰를 받으면 어떻게 응답해야 하는가 라는 문제가 출제됩니다. 그리고 「佐藤さんって、今日お休みだったっけ？(N2)」 라고 상황을 묻거나, 「わたし、試勉、あまりやってないんだ……今から、頑張らなきゃ(N3)」라고 말하는 친구에 대한 격려 등 문제가 있습니다. 이러한 문제들을 참고로 본서에서는 상대방의 의뢰, 사죄, 권유, 거절, 확인, 주의, 칭찬 등에 어떻게 응답할 것인가, 그리고 스피치ㆍ레벨, 경어, 구어(口語)적인 표현, 도치(倒置)형식(정상적인 어순이 뒤바뀌는 형식) 등의 관점도 넣어 문제를 작성했습니다.

⑥ 발화(發話)/말 표현

가이드북에는 "장면이나 상황에 어울리는 발화(發話)/말을 즉시에 판단할 수 있을 것인가를 측정하는 문제" 라고 쓰여 있습니다. 인사, 의뢰, 허가를 구하는 등 일상적으로 자주 사용되는 표현을 주로 취급하며 N3, N4, N5레벨에서 출제됩니다.

장면설정과 상황은 그림과 음성으로 상황설명이 제시됩니다. 장면설정에 어울리는 말은 어느 것인가, 혹은 "이럴 때는 뭐라고 말할까요"라는 질문에 이어 3개의 선택지를 듣고 그 중에서 대답을 고릅니다.

마지막으로　　　　　　　　　　　　　　　　　　　　→→→

　　新시험의 가이드북에서는 "문자 · 어휘, 문법과 같은 언어지식과 함께 그것을 실제로 사용하여 커뮤니케이션상의 과제를 수행하는 능력을 측정한다"고 반복해서 강조하고 있습니다. 또한, 종합득점만으로 합격여부를 판정했었던 구시험에 비해 新시험은 언어지식, 독해, 청해 3가지 능력을 골고루 갖추지 못하면 합격하기 어렵습니다. 앞으로 기초력으로서 문자나 어휘, 문법항목을 암기하는 것도 중요하지만 내용을 이해하지 않고 통째로 암기한 지식이 아닌 배운 지식을 이용해서 무엇을 할 수 있는가를 의식하면서 시험 대책을 세울 필요가 있습니다.

　　본서에서는 가이드북과 예제를 충분히 참고하여 분석한 것으로 문제를 예상해서 만들었습니다. 본서에서 취급한 어휘나 문법 등 내용이 꼭 출제되는 것은 아니지만 새로운 시험이 어떠한 것인지, 출제형식이나 경향을 이해할 수 있도록 구성해 보았습니다. 新시험이 실시된 후 본서도 그 내용에 맞춰서 개정할 예정입니다.

第1部

언어지식(문자 · 어휘 · 문법) · 독해

言語知識（文字 · 語彙 · 文法）· 読解

問題 1　한자 읽기 漢字読み
【한자로 쓰인 어휘의 읽는 법을 답하는 문제】

問題 __________ の言葉の読み方として最もよいものを、1・2・3・4から一つ選びなさい。

1　この問題は思ったよりも<u>難しい</u>。
　　1　きびしい　　　　2　むずかしい　　　3　おそろしい　　　4　やさしい

2　<u>額</u>にびっしょり、汗をかいた。
　　1　わき　　　　　　2　かお　　　　　　3　あたま　　　　　4　ひたい

3　父親に<u>怒られ</u>て、その子は元気がなかった。
　　1　しかられ　　　　2　おこられ　　　　3　どなられ　　　　4　うらぎられ

4　私が山で経験したことは、<u>恐怖</u>そのものだった。
　　1　きょうふ　　　　2　きょふ　　　　　3　こうふ　　　　　4　こふ

5　受付から、<u>迷子</u>のお知らせです。
　　1　めいご　　　　　2　めいこ　　　　　3　まいご　　　　　4　まいこ

6　ふかふかの<u>温かい</u>ふとんは気持ちがいい。

1　こまかい　　　2　やわらかい　　　3　あたたかい　　　4　みじかい

7　うちの<u>娘</u>の名前は、陽菜子です。

1　むすめ　　　2　まご　　　3　よめ　　　4　つま

8　これから技術をもっと<u>磨いて</u>いきたいです。

1　はたらいて　　　2　たたいて　　　3　みがいて　　　4　もちいて

9　彼はわずかの間に、すっかり<u>白髪</u>になった。

1　はくぱつ　　　2　はくもう　　　3　しろひげ　　　4　しらが

10　皆さん、朝の<u>清掃</u>の時間です。

1　せいそう　　　2　そうじ　　　3　たいそう　　　4　せいしょ

11　先生は、私に対して急に<u>冷たい</u>応対をするようになった。

1　つめたい　　　2　さけたい　　　3　おもたい　　　4　めでたい

12　あなたのしたことを深く<u>反省</u>してください。

1　ばんせい　　　2　はんせい　　　3　はんしょう　　　4　ばんしょう

13　本日、司会を<u>務める</u>森田と申します。

1　すすめる　　　2　ふくめる　　　3　みとめる　　　4　つとめる

14　先週、近所の本屋さんで彼と<u>偶然</u>、会った。

1　とつぜん　　　2　とうぜん　　　3　ぐうぜん　　　4　ぜんぜん

15　<u>景色</u>がいいところを案内してもらった。

1　けいしょく　　　2　きょうしき　　　3　けしき　　　4　けいき

16　お寺で、手をあわせて拝む。

1　つつむ　　　　2　おがむ　　　　3　たのむ　　　　4　しゃがむ

17　何兆という金が、その計画にはかけられている。

1　えん　　　　2　おく　　　　3　ちょう　　　　4　まん

18　このお金は、私が一度、預かることにしましょう。

1　うかる　　　　2　たすかる　　　　3　あずかる　　　　4　もうかる

19　お年寄りを敬うことが大事だ。

1　うやまう　　　　2　さそう　　　　3　みまう　　　　4　みならう

20　困りますね、ちゃんと規律を守ってもらわないと。

1　ほうりつ　　　　2　きそく　　　　3　きりつ　　　　4　ほうそく

問題2　표기 表記

【히라가나로 쓰여있는 어휘를 한자로 어떻게 쓸지 답하는 문제】

問題　＿＿＿＿＿の言葉を漢字で書くとき、最もよいものを、1・2・3・4から一つ選びなさい。

① あの会社の社長は、うちの社員に対して<u>むり</u>ばかり言う。
　1　無里　　　　2　無理　　　　3　夢中　　　　4　夢利

② 彼女は今、<u>せいしん</u>的にかなり弱っている。
　1　精神　　　　2　精心　　　　3　性心　　　　4　性神

③ 長い間の努力が、やっと実を<u>むすんだ</u>。
　1　果んだ　　　2　産んだ　　　3　結んだ　　　4　咲んだ

④ 少し、頭が<u>こんらん</u>してきたので、話を整理しましょう。
　1　混乱　　　　2　困惑　　　　3　混浴　　　　4　困難

⑤ 日本人は、よく<u>きんべん</u>だと言われる。
　1　勤便　　　　2　緊勉　　　　3　金便　　　　4　勤勉

6　彼の<u>てきせつ</u>な説明で、問題点がよくわかった。

　　1　適接　　　　　2　適切　　　　　3　的説　　　　　4　的切

7　洗い方を間違えたため、セーターが<u>ちぢんで</u>しまった。

　　1　縮んで　　　　2　短んで　　　　3　伸んで　　　　4　小んで

8　田中さんは、同僚（どうりょう）からの<u>ひょうか</u>がとても高い。

　　1　評価　　　　　2　評判　　　　　3　批価　　　　　4　標価

9　昨晩の大雨で、山道はとても<u>あぶない</u>状態だ。

　　1　険ない　　　　2　危ない　　　　3　戦ない　　　　4　恐ない

10　その本には、<u>あやまり</u>がたくさんみつかった。

　　1　謝り　　　　　2　過り　　　　　3　誤り　　　　　4　間違り

11　勘（かん）違いして、<u>ぎゃく</u>の改札口に出てしまったようだ。

　　1　逆　　　　　　2　遠　　　　　　3　迷　　　　　　4　送

12　きっと、何か<u>じじょう</u>があるのでしょうから、今はじっと待つしかありません。

　　1　自条　　　　　2　事状　　　　　3　自状　　　　　4　事情

13　カレンダーを壁にピンで<u>とめて</u>ください。

　　1　泊めて　　　　2　刺めて　　　　3　留めて　　　　4　飾めて

14　すみませんが、あちらの<u>まどぐち</u>で受け付けをしてください。

　　1　裏口　　　　　2　入口　　　　　3　出口　　　　　4　窓口

15　<u>よほう</u>では、今夜は雨になるということだ。

　　1　予想　　　　　2　予報　　　　　3　予測　　　　　4　予感

16　天気がいいので、ふとんと<u>まくら</u>を干しましょう。

1　枕　　　　　2　板　　　　　3　机　　　　　4　枚

17　パーティーには、小林<u>ふさい</u>も参加された。

1　父母　　　　2　夫婦　　　　3　夫妻　　　　4　姉妹

18　彼の病気のことは、まだ、<u>こうひょう</u>されていない。

1　広表　　　　2　光表　　　　3　公開　　　　4　公表

19　人を<u>ためす</u>ようなことをするもんじゃない。

1　調す　　　　2　悩す　　　　3　試す　　　　4　究す

20　彼がたった1人で始めた<u>かつどう</u>は、今、全国に広がっている。

1　活働　　　　2　活躍　　　　3　行動　　　　4　活動

問題3　語형성 語形成

【파생어나 복합어를 답하는 문제】

問題　（　　　）に入れるのに最もよいものを、1・2・3・4から一つ選びなさい。

1　昨日の帰り、知らない男に追い（　　　）て、怖い思いをした。
　1　はらわれ　　　2　おそわれ　　　3　かけられ　　　4　さわがれ

2　この時期になると、5時をすぎると、外はもう（　　　）暗だ。
　1　真っ　　　　2　全っ　　　　3　総っ　　　　4　深っ

3　近所のスーパーで、日用（　　　）を買った。
　1　物　　　　2　品　　　　3　貨　　　　4　荷

4　気温が上がって花も咲きはじめ、だいぶ春（　　　）なりました。
　1　ように　　　2　こんで　　　3　らしく　　　4　そうに

5　コンサートが中止になったため、料金が払い（　　　）れた。
　1　返さ　　　2　過ごさ　　　3　元さ　　　4　戻さ

6 そんなことも知らないなんて、彼は（　　　）勉強だなあ。

1　非　　　　　　2　不　　　　　　3　未　　　　　　4　無

7 彼はとても忙しそうで、今、この仕事を頼むのは無理（　　　）。

1　っぽい　　　　2　がちだ　　　　3　ようだ　　　　4　っきりだ

8 日本語の面白さがちょうどわかり（　　　）ところで、帰国することになった。

1　かねた　　　　2　かけられた　　3　かけた　　　　4　かかる

9 ようやく、彼のほほに赤（　　　）が差してきたので、ほっとした。

1　み　　　　　　2　め　　　　　　3　さ　　　　　　4　り

10 このあたりは、昼間でも交通（　　　）が少ない、静かなところだ。

1　量　　　　　　2　数　　　　　　3　人　　　　　　4　率

11 「痛くない」と、強（　　　）みせたが、本当はすごく痛かった。

1　がちて　　　　2　がって　　　　3　がりて　　　　4　がんで

12 さっきまでおとなしかった馬が急に暴れ（　　　）。

1　いった　　　　2　ひいた　　　　3　まわした　　　4　だした

13 この野菜は、生では食べ（　　　）が、卵と一緒に料理するとおいしく食べられる。

1　やすい　　　　2　たかい　　　　3　にくい　　　　4　かたい

14 この部屋は、比較（　　　）、きれいなほうだと思う。

1　感　　　　　　2　級　　　　　　3　的　　　　　　4　性

15 社員が2,000人もいる（　　　）企業がつぶれた。

1　巨　　　　　　2　大　　　　　　3　超　　　　　　4　強

16　昨日の夜はずっと電気をつけ（　　　　）で、寝ていたようだ。

　1　ったい　　　　2　ってる　　　　3　っとおし　　　4　っぱなし

17　年末年始は、電車はどこも込み（　　　　）ますよ。

　1　合い　　　　　2　入り　　　　　3　集まり　　　　4　張り

18　半年前の（　　　　）景気がうそのように、今は景気が悪い。

　1　良　　　　　　2　好　　　　　　3　高　　　　　　4　明

19　何かを棒で、はげしく（　　　　）たたく音が聞こえた。

　1　ぼっ　　　　　2　ばっ　　　　　3　かっ　　　　　4　ぶっ

20　昨日、カラオケで歌い（　　　　）せいで、今日はのどが痛い。

　1　過ごした　　　2　過ぎた　　　　3　越した　　　　4　回った

問題4　문맥규정 文脈規定

【문맥에 맞는 어휘를 골라 답하는 문제】

問題 （　　　）に入れるのに最もよいものを、1・2・3・4から一つ選びなさい。

1　その少女は、私のほうを見て（　　　）とほほ笑んだ。
　1　にっこり　　　2　ほっそり　　　3　はっきり　　　4　そっくり

2　野球部の（　　　）に、沢田氏が決まった。
　1　大家　　　2　社長　　　3　監督（かんとく）　　　4　提督（ていとく）

3　本日は、母の（　　　）で、長女の私がまいりました。
　1　代理　　　2　交代　　　3　代表　　　4　代金

4　その動物は、地球上に残っているのは100頭だけで、（　　　）が心配されている。
　1　死亡　　　2　絶滅（ぜつめつ）　　　3　減少　　　4　流行

5　こちらの商品、残り（　　　）となってまいりましたので、お早めにどうぞ。
　1　みじか　　　2　さすが　　　3　わずか　　　4　みずから

6　日本語で、みんなの前で話すのは、すごく（　　　　）した。

1　ときとき　　　　2　どきどき　　　　3　ぎらぎら　　　　4　ばくばく

7　彼は、魚つりの（　　　　）だ。

1　主人　　　　　　2　知人　　　　　　3　成人　　　　　　4　名人

8　彼女が、とても（　　　　）に練習をする姿を見たら、きっと応援したくなるよ。

1　熱心　　　　　　2　強引　　　　　　3　積極　　　　　　4　努力

9　テレビが（　　　　）して、音が出なくなってしまった。

1　邪魔（じゃま）　　2　障害（しょうがい）　　3　故障（こしょう）　　4　摩擦（まさつ）

10　「仕事と時間」という（　　　　）について、レポートを書かなければならない。

1　ノート　　　　　2　スーツ　　　　　3　データ　　　　　4　テーマ

11　まだ時間は（　　　　）あるから、そんなにあわてなくても大丈夫だよ。

1　ぎっしり　　　　2　さっぱり　　　　3　たっぷり　　　　4　ゆっくり

12　日が落ちて、かなり（　　　　）が下がってきて、寒い。

1　気象（きしょう）　2　気温　　　　　3　気候　　　　　4　気圧

13　21世紀（せいき）に入り、コンピューター技術は（　　　　）に進歩した。

1　特急　　　　　　2　高速　　　　　　3　早速　　　　　　4　急速

14　どんどん（　　　　）を進めないと、時間内に終わらないですよ。

1　動作　　　　　　2　作業　　　　　　3　産業　　　　　　4　職業

15　昨日、大雨が降ったせいで、川の水が茶色く（　　　　）いる。

1　くさって　　　　2　さびて　　　　　3　にごって　　　　4　こげて

16　17歳の高校生が新しい（　　　）として加わり、彼らの人気はさらに高くなった。

1　グループ　　　　2　チーム　　　　3　メンバー　　　　4　シリーズ

17　建物が（　　　）とゆれたので、テレビをつけたら、やはり地震だったようだ。

1　ふわふわ　　　　2　ぐらぐら　　　　3　さらさら　　　　4　ぶらぶら

18　彼女が、心の底ではどう思っているのか、（　　　）が知りたい。

1　信仰（しんこう）　　　　2　本気　　　　3　真心　　　　4　本心

19　進学を（　　　）している学校に合格できるかどうか、まだわからない。

1　要求　　　　2　希望　　　　3　注文　　　　4　期待

20　ニュースによると、壊（こわ）れたビルの中に（　　　）者が2名、いるようだ。

1　生存　　　　2　存在　　　　3　生活　　　　4　生命

問題5　유의어로 바꾸기 言い換え類義
【주어진 어휘나 표현과, 의미가 비슷한 어휘나 표현을 답하는 문제】

問題　＿＿＿＿＿の言葉に意味が最も近いものを、1・2・3・4から一つ選びなさい。

1　彼は、仕事に力を<u>注いだ</u>。
　　1　集中した　　　　2　失った　　　　3　抜いた　　　　4　貸した

2　今日は、とても<u>さわやかな</u>朝だ。
　　1　寒い　　　　　　2　気持ちいい　　3　暑い　　　　　4　忙しい

3　薬を使用する場合の<u>目安</u>を教えてください。
　　1　目的　　　　　　2　見当　　　　　3　注意　　　　　4　方法

4　父とけんかしてしまい、それから話す<u>きっかけ</u>がなかなかつかめない。
　　1　機会　　　　　　2　理由　　　　　3　時間　　　　　4　場所

5　教室はとても<u>さわがしい</u>。
　　1　美しい　　　　　2　むしあつい　　3　うるさい　　　4　きたない

6　隣の家の猫は、時々、うちの庭に遊びにくる。

1　何度も　　　　2　たまに　　　　3　いつも　　　　4　毎日

7　これは、彼がコレクションしていたものです。

1　並べて　　　　2　売って　　　　3　集めて　　　　4　かくして

8　その男は、私をにらんだ。

1　憎んだ　　　　2　誘った　　　　3　苦しめた　　　　4　見つめた

9　これはとても珍しい食べ物だね。

1　おいしい　　　　2　貴重（きちょう）な　　　　3　甘い　　　　4　高級な

10　彼女は、複雑な家庭に育った。

1　難しい　　　　2　明るい　　　　3　豊かな　　　　4　貧しい

11　私が彼の恋人だなんて、はなはだしい勘（かん）違いだ。

1　おかしい　　　　2　悲しい　　　　3　うれしい　　　　4　ひどい

12　率直な意見が聞けてよかったよ。

1　丁寧（ていねい）な　　　　2　役に立つ　　　　3　正直な　　　　4　的確な

13　その子は、質問にはきはきと答えた。

1　はっきりと　　　　2　すっきりと　　　　3　ぐっすりと　　　　4　あっさりと

14　荷物の中身をチェックする。

1　検査　　　　2　測定　　　　3　交換　　　　4　判断

15　これは私のミスです。

1　責任　　　　2　失敗　　　　3　負担　　　　4　損失

16　あの子は、生意気な口をきく。

1　憎らしい　　　2　かわいらしい　3　厚かましい　　4　やかましい

17　この映画は最後まではらはらする。

1　ぞくぞく　　　2　ふらふら　　　3　どきどき　　　4　むかむか

18　せっかくですが、いただけません。

1　楽しい　　　　2　ありがたい　　3　うらやましい　4　くやしい

19　なるべく早くレポートを出してください。

1　できるだけ　　2　いちばん　　　3　できれば　　　4　いつもより

20　彼は金にだらしない。

1　無責任だ　　　2　非常識だ　　　3　真面目だ　　　4　不規則だ

問題6　用法 用法

【제시된 어휘의 맞는 용법을 판단해서 답하는 문제】

問題　次の言葉の使い方として最もよいものを、1・2・3・4から一つ選びなさい。

1　上達

1　その国はまだ上達の段階にあると言えるだろう。

2　この料理、初めてにしては上達にできているよ。

3　才能がある人は上達も早いものだ。

4　社員が社長に仕事の状況を上達するのは常識ですよ。

2　確認

1　出かけるときには戸締りを確認してください。

2　あのチームが優勝するのはおそらく確認だ。

3　この部屋に事務局の確認なく、入ることを禁止する。

4　立候補者が1人だったため無投票で確認された。

3　やけど

1　彼は彼女にふられてから、やけどになっている。

2　その火事のために、彼女は大きなやけどをした。

3　甘いものを食べすぎて、胸がやけどしている。

4　高層ビルから見える東京のやけどがとても美しかった。

4　投書

1　日本の大きな新聞にはたいてい、読者からの<u>投書</u>を紹介するページがある。

2　今年度の我が社の売上は、<u>投書</u>の計画とは大きく異なるだろう。

3　思い切って彼女に自分の気持ちを<u>投書</u>した。

4　仕事のないときには、近所の図書館で一日中、<u>投書</u>に努めています。

5　暗記

1　外国語学習と<u>暗記</u>は切っても切れない関係にある。

2　コピー機のない時代は、本を紙と筆で<u>暗記</u>したそうです。

3　この程度の計算、若いころなら計算機なんて使わずに、<u>暗記</u>でできたんだがなあ。

4　その古い家は屋根が壊れていて、とても<u>暗記</u>な雰囲気だった。

6　トップ

1　山口さんは、みんなより<u>トップ</u>に仕事をする。

2　彼女は、彼の家の<u>トップ</u>まで来たが、彼に会わずに帰った。

3　こうなったら彼とは、<u>トップ</u>から話すしかないな。

4　高橋さんは、大学を<u>トップ</u>の成績で卒業した。

7　さまたげる

1　この道は、この先、<u>さまたげる</u>ので、入らないほうがいい。

2　私にとって父親とは、いつまでも<u>さまたげる</u>ことができない壁だ。

3　2人の結婚を<u>さまたげる</u>難しい問題がある。

4　風邪を<u>さまたげる</u>ために、薬を飲んだ。

8　すらすら

1　その子は、難しい計算問題を<u>すらすら</u>と解いた。

2　そんな<u>すらすら</u>なところを通るのは危ないよ。

3　シャワーを浴びて、とても<u>すらすら</u>した。

4　<u>すらすら</u>遊ぶのもいいかげんにしなさい。

9 ただちに

1　彼はおなかがすいていたのか、ただちにすべての皿の料理を食べおえた。

2　そんなばかなことは、ただちにやめなさい。

3　その子どもは驚いて、ただちに泣き出した。

4　妹は、とてもただちにメールを返してくれる。

10 たのもしい

1　どんなに働いても会社は、結局、たのもしいものではない。

2　彼はやさしいから、何でもたのもしい。

3　ここは、彼らにたのもしい力を発揮してもらおう。

4　彼女がキャプテンとは、たのもしい。

11 延期

1　病気が延期して、なかなか治らない。

2　もう少し長い、延期コードを買ってきてください。

3　台風のため、運動会は延期になった。

4　電車が延期していて、授業に遅刻した。

12 ひきょう

1　どうも厳しい先輩の前ではひきょうになってしまう。

2　そんなひきょうなやり方で勝っても、だれも尊敬しないよ。

3　部長は大事な場面でひきょうするから、信頼されない。

4　このままひきょうでいても、何も解決しないだろう。

13 ささやく

1　この鳥は、よくささやく。

2　今晩は、いい風がささやいている。

3　彼は、ぶつぶつと不平不満をささやく。

4　耳元で、彼女が甘い声でささやく。

14　スケジュール

1　来月のスケジュールを、早めに決めよう。

2　本日の会議のスケジュールは、私が務めます。

3　彼がスピーチをするスケジュールになった。

4　来週の天気のスケジュールが発表になった。

15　緊張

1　部長はとても、厳しく、緊張な人だ。

2　試験の前日は、緊張して眠れなかった。

3　緊張な場面では、きちんとあいさつしましょう。

4　資料に間違いがあって緊張に謝った。

16　めでたい

1　長男が結婚し、長女が大学合格とは、めでたい話だ。

2　優勝のめでたいに、酒を贈った。

3　あなたから受けた親切がとてもめでたい。

4　彼らはめでたい結婚生活を送っている。

17　そそっかしい

1　そそっかしい事情があって、これから出かけなければならない。

2　約束に遅れないよう、そそっかしい電車に乗った。

3　今日は予定がたくさんあって、とてもそそっかしい。

4　母は、そそっかしいので、よく忘れものをする。

18　摩擦

1　政府に対する摩擦が高まっている。

2　両国の間で、貿易摩擦が起きている。

3　そんな摩擦に付き合わされてはたまらない。

4　ここが、あの有名な摩擦があった場所です。

19　いわば

1　本日の優勝者に、<u>いわば</u>、彼が選ばれた。

2　今日は暖かいので、<u>いわば</u>、コートはいらないだろう。

3　私の父親とは、<u>いわば</u>、古い考え方しかできない。

4　音楽を聞くということは、<u>いわば</u>、心に肥料をやることだ。

20　ついに

1　彼は長い努力を重ね、<u>ついに</u>新しい技術の開発に成功した。

2　彼女は悩んだ<u>ついに</u>自殺してしまった。

3　姉が夫と別れたのは、<u>ついに</u>のことがあったからだろう。

4　家を出るのが遅くなって、<u>ついに</u>バスに乗り遅れた。

問題7　문장의 문법1 : 문법형식의 판단
文の文法 1 : 文法形式の判断
【문장의 내용에 맞는 표현을 골라 답하는 문제】

問題　次の文の（　　　）に入れるのに最もよいものを、1・2・3・4から一つ選びな
さい。

1　日本人は今、（　　　）お米を食べなくなっているそうだ。
　1　驚きつつ　　　　　　　　　　　2　驚くべき
　3　驚きながら　　　　　　　　　　4　驚くほど

2　悲しいことだが、人は他人を傷つけ（　　　）生きられない生き物だ。
　1　ても　　　　2　ずには　　　　3　てからは　　　　4　ぬようにと

3　町田先生の今度の新作は、テレビ業界を舞台（　　　）推理小説です。
　1　とした　　　　2　として　　　　3　にする　　　　4　にして

4　あまりにも疲れてしまったため、座っている（　　　）できない。
　1　ことにも　　　　2　こととて　　　　3　ことさえ　　　　4　ことから

5　スーパーコンピューターを使っても処理（　　　）ほどの大量のデータが集まった。
　1　してもない　　　2　しきれない　　　3　しかねない　　　4　したくない

6 研究が進んで、細かいことが（　　　　　）、逆に全体が見えなくなってきた。

1　わかるにつけわからないにつけ　　　2　わかったりわからなかったり

3　わかろうとわかるまいと　　　　　　4　わかればわかるほど

7 昨日の夜は、おばにごちそうしてもらった（　　　　　）、家まで車で送ってもらった。

1　ときの　　　　　2　のにも　　　　　3　うえ　　　　　4　からだ

8 高田さんは（　　　　　）、違う女性の友だちを紹介してくれます。

1　会うおきに　　　　　　　　　　2　会うといっても

3　会うにしても　　　　　　　　　4　会うたびに

9 式（　　　　　）、代表者から皆様に一言申し上げます。

1　にたびだち　　　2　におもてだち　　3　にさかだち　　　4　にさきだち

10 電気工事（　　　　　）、午前2時から4時まで停電いたします。

1　のあまり　　　2　のついでに　　3　にともない　　4　とともに

11 大学時代のクラブの先輩を（　　　　　）、大学院についての情報を得ることができた。

1　へだてて　　　2　かわきりに　　3　とおして　　4　おかげで

12 わかりもしない（　　　　　）知っているふりをするのが彼の欠点だ。

1　からといって　　2　のだから　　　3　くせに　　　4　といっても

13 毎日忙しく過ごしている（　　　　　）、申し込みの日が過ぎてしまった。

1　あいだも　　　2　うちに　　　3　おかげで　　　4　ところに

14 少子化対策（　　　　　）、活発な意見交換が行われている。

1　を通じて　　　2　にしたがって　　3　をめぐって　　4　にかかわらず

15 新しい工場の建設について、半年議論した（　　　　　）、中止が決定した。

1　ことで　　　2　とたんに　　　3　うえに　　　4　あげく

16　彼は、私たちのプロジェクトを精神的に支えてくれた（　　　　）、資金面の援助まで申し出てくれた。

　　1　ばかりか　　　　2　だけでも　　　　3　ことすら　　　　4　ところを

17　自分で子どもを育てて（　　　　）、親のたいへんさがわかったと語る人が多い。

　　1　はじめて　　　　2　からでないと　　3　以来に　　　　　4　からというものは

18　あのきちょうめんな彼女（　　　　）、そのようないいかげんな仕事をするはずがない。

　　1　にかわって　　　2　に限って　　　　3　にしても　　　4　に対して

19　政府が何もやらなかった（　　　　）、もう少し有効な対策を考えて欲しかった。

　　1　とは言うものの　　　　　　　　2　とは言っても

　　3　とは言わぬうちに　　　　　　　4　とは言わないが

20　言葉を選ぶのに慎重になる（　　　　）、何も言えなくなることもあります。

　　1　ばかりで　　　　2　からといって　　3　あまり　　　　　4　にしても

問題8　문장의 문법2：문장의 구조
文の文法2：文の組み立て

【나열된 단어를 의미에 맞게 문장을 조합해 답하는 문제】

問題　次の文の＿★＿に入る最もよいものを、1・2・3・4から一つ選びなさい。

1　人が本を＿＿＿＿　＿＿＿＿　＿★＿　＿＿＿＿、書評、人の噂、インターネットの情報とさまざまだ。
　　1　きっかけは　　2　広告　　　　3　とる　　　　4　手に

2　あなたの説明のおかげで＿＿＿＿　＿＿＿＿　＿★＿　＿＿＿＿よくわかりました。
　　1　わけではない　2　ことだけは　3　悪気があった　4　彼女に

3　その湖から見た＿＿＿＿　＿＿＿＿　＿★＿　＿＿＿＿だった。
　　1　光景　　　　　2　山は　　　　3　ほど美しい　4　言いようがない

4　テーブルの上にある携帯電話は＿＿＿＿　＿＿＿＿　＿★＿　＿＿＿＿ものです。
　　1　女の人の　　　2　うしろに　　3　私のすぐ　　4　すわっている

5　どうして＿＿＿＿　＿＿＿＿　＿★＿　＿＿＿＿いますか。
　　1　だれか　　　　　　　　　　　2　欠席しているのか
　　3　聞いて　　　　　　　　　　　4　田中くんが

6　あの人の＿＿＿＿＿＿　＿＿＿＿＿＿　＿＿＿＿＿＿　＿＿★＿＿ものがある。

1　どこか　　　　　　　　　　　　2　いらいらさせる

3　話し方には　　　　　　　　　　4　人を

7　彼女はまじめ＿＿＿＿＿＿　＿＿★＿＿　＿＿＿＿＿＿　＿＿＿＿＿＿いい。

1　要領が　　　　2　一方のよう　　　3　意外と　　　　4　でいて

8　いつもは田中氏＿＿＿＿＿＿　＿＿＿＿＿＿　＿＿★＿＿　＿＿＿＿＿＿については批判的だ。

1　でさえ　　　　　　　　　　　　2　友人たち

3　今回の田中氏の発言　　　　　　4　の味方をする

9　その2つの作品は＿＿＿＿＿＿　＿＿＿＿＿＿　＿＿★＿＿　＿＿＿＿＿＿つきかねる。

1　区別が　　　　　　　　　　　　2　私のような

3　とてもよく似ていて　　　　　　4　素人には

10　コロンブスは、＿＿＿＿＿＿　＿＿＿＿＿＿　＿＿★＿＿　＿＿＿＿＿＿人物だ。

1　歴史に　　　　　　　　　　　　2　名を残した

3　の発見者として　　　　　　　　4　アメリカ大陸

11　何でも＿＿＿＿＿＿　＿＿＿＿＿＿　＿＿★＿＿　＿＿＿＿＿＿心配だ。

1　ことはないが　　2　安すぎるのも　　3　安いに越した　　4　あまり

12　その新しい庁の役割は＿＿＿＿＿＿　＿＿＿＿＿＿　＿＿★＿＿　＿＿＿＿＿＿である。

1　消費者被害を　　2　がちな　　　　3　見落とされ　　　4　救うこと

13　都心からの＿＿＿＿＿＿　＿＿＿＿＿＿　＿＿★＿＿　＿＿＿＿＿＿のが本校の特徴の1つです。

1　落ち着きがある　　　　　　　　2　キャンパスは静かで

3　にもかかわらず　　　　　　　　4　交通の便がよい

14　失業者が＿＿＿＿＿　＿＿＿＿＿　★＿＿＿＿＿　＿＿＿＿＿取り戻せないだろう。

1　社会の活力は　　　　　　　　　2　大量に生み出される

3　改めない限り　　　　　　　　　4　構造を

15　就職が＿＿＿＿＿　★＿＿＿＿＿　＿＿＿＿＿　＿＿＿＿＿いけません。

1　景気や大学名　　　　　　　　　2　決まらないのを

3　だけのせいにしては　　　　　　4　なかなか

16　9月に入り、＿＿＿＿＿　＿＿＿＿＿　★＿＿＿＿＿　＿＿＿＿＿やはりまだまだ暑い。

1　とはいうものの　　　　　　　　2　越えた

3　暑さは　　　　　　　　　　　　4　峠を

17　レオナルド・ダ・ヴィンチの描いた＿＿＿＿＿　＿＿＿＿＿　★＿＿＿＿＿　＿＿＿＿＿話さえある。

1　若い男がいたという　　　　　　2　すばらしさのために

3　「モナリザ」という絵の　　　　4　ついに発狂したという

18　彼については、元新聞記者＿＿＿＿＿　＿＿＿＿＿　★＿＿＿＿＿　＿＿＿＿＿人が多いだろう。

1　ピンとくる　　2　というより　　3　といったほうが　　4　国民的作家

19　食べる＿＿＿＿＿　＿＿＿＿＿　★＿＿＿＿＿　＿＿＿＿＿な話題なのである。

1　これがいちばん　　　　　　　　2　で恐縮だが

3　話ばかり　　　　　　　　　　　4　無難

20　芸術にしても、学問にしても＿＿＿＿＿　＿＿＿＿＿　★＿＿＿＿＿　＿＿＿＿＿難しい。

1　ものを正しく　　2　かかわる　　3　評価するのは　　4　歴史に

問題9　글의 문법 文章の文法
【문장의 흐름에 맞는 어휘나 표현을 판단해서 답하는 문제】

問題　次の文章を読んで　　1　　から　　5　　の中に入る最もよいものを、1・2・3・4から一つ選びなさい。

9－1

　数年前、東北地方 (注) のある寺で、1000年以上前から行われているという祭りのポスターを、鉄道会社が駅にはるのを断った、というニュースが話題になった。そのポスターには、胸毛とひげの濃い、はだかの男性が大きく写っていた。それをいやだと思う女性がいるかもしれない、セクハラ（セクシャルハラスメント、性的いやがらせ）になる　　1　　ポスターをはることは許可できない、というのが理由だった。

　この話を聞いたとき、私は女性だが、思わず、「えー、なんで？」と言ってしまった。ぜんぜんセクハラだとは　　2　　し、むしろ、勇しい祭りなんだろうな、と思った。

　聞くところによると、この写真に写っていた男性は、若いころからずっと、この祭りに参加している住民で、この祭りのことを大変誇りに思い、愛しているという。ポスターをはることを断られたことに対し、男性は、「親からもらった大切な体だし、人より少し毛が濃かっただけ。でも、このことで今まであまり知られていなかった祭りが有名に　　3　　、自分はそれでもかまわない」と語った。これは、本当に祭りを愛しているから　　4　　、言える言葉だろう。

　はだかといえば、日本では、新聞や雑誌に女性のはだかの写真が大きく載せられているものも多い。それを通勤電車の中で堂々と見ている男性がいてびっくりする、と、ある外国人の学生から聞いたことがある。私も、　　5　　、男のはだかより、こうした女性のはだかのほうが、よほどセクハラだと思う。

（注）東北地方＝日本の本州で北の地域にある6県をまとめていう言い方。

1

1　可能性がないなら　　　　　　2　可能性があるので

3　可能性があろうと　　　　　　4　可能性がないからには

2

1　考えなかった　　　　　　　　2　考えた

3　考えられる　　　　　　　　　4　考えていない

3

1　なりたかったら　　　　　　　2　なれるまでは

3　なってみると　　　　　　　　4　なったのなら

4

1　だと　　　　　2　ねば　　　　3　こそ　　　　4　ほど

5

1　セクハラというなら　　　　　2　おどろくというなら

3　困ったというなら　　　　　　4　ポスターというなら

9-2

　　日本を訪れる外国人観光客は、日本のどんなところを見たい、と思ってやって来るのでしょうか。秋葉原や原宿、あるいは京都、大阪などという声が多く聞かれそうですね。　　1　　、あるテレビ番組が調査したところ、外国人観光客から意外と多く聞かれたのは、意外なことに「東京や京都はもういいから、もっと普通の日本人の生活がどんなものなのか、見てみたい」といった声でした。

　　観光に力を入れるというと、まず、言葉で不自由な思いをさせないようにと、外国語のできる人をスタッフ（注1）にしようと考え　　2　　。しかし、その番組で紹介していた、ある地方の旅館では、まったくそんなことはしていませんでした。小さい旅館ですが、女将（注2）をはじめ、スタッフは地元のお年寄りが中心。浴衣の着方や日本の食事の説明などは、身振り手振りを交えながら、すべて日本語です。外国語　　3　　使いません。それでも外国人観光客とちゃんとコミュニケーションができています。しかも、観光客は、困っている　　4　　、とても楽しそうなのです。

　　でも、これは当たり前かもしれません。もし、自分がほかの国に行った場合、緊急のことが起きた場合は別ですが、その国の言葉で話しかけられたら、わからないかもしれないけれどうれしい。それこそ、異文化体験です。

　　「日本語でぜんぜん問題ありませんよ。楽しいですよ」と、本当にうれしそうに語る女将。　　5　　日本に来てくれているのだから、へたな外国語ではなく、日本語できちんと応対する。すてきなことだと思いませんか。

（注1）スタッフ＝働く人、職員
（注2）女将＝旅館でスタッフの上に立ってまとめる人。女主人

1

1　そして　　　　2　やがて　　　　3　ところが　　　　4　つまり

2

1　がちです　　　2　かねます　　　3　ようです　　　　4　つつあります

3

1　ばかり　　　　2　なんて　　　　3　ぬきには　　　　4　ぐらい

4

1　につれて　　　2　ついでに　　　3　うえに　　　　　4　どころか

5

1　せっかく　　　2　さっそく　　　3　まったく　　　　4　すっかり

9-3

　最初に実験です。正方形の紙を1枚用意して、「あいうえお」と書いてください。さて、あなたは横書きにしましたか？　縦書きにしましたか？

　日本人を対象にこの実験を［　　1　　］、若い人の7〜8割は横書き、年配者の6割は縦書き、という結果でした。

　日本では、もともと文は上から下へ、右から左へ、縦書きされるものでした。新聞や政府の出す公文書（注）などは、今もこの方式です。日本の小説も縦書きが普通ですが、一昨年、ある出版社から、日本を代表する作家、夏目漱石と太宰治の作品が横書きの本となって［　　2　　］、話題になりました。出版社では、「横書きのほうが慣れていて読み［　　3　　］」という若い人からの意見を聞いて、横書きで小説の本を出版することにしたそうです。

　「小説まで［　4-a　］にするのか……」と、最初は驚きましたが、これは当然の流れなのかもしれません。考えてみると、日本語の教科書は横書きが主流です。日本の小中学校などで使われている教科書も国語以外は［　4-b　］が多くなっています。あるいは、自分が文章を書く場合はどうでしょう。パソコンを使うときも、手書きでメモを書くときも横書きという人が多いのではないでしょうか。

　今後、情報を得たり伝えたりする目的の文章は横書きが主流になっていくでしょう。ただ小説は、縦書きと横書きでは、頭の中に描き出されるイメージに違いがあるように思います。そのイメージの違いを楽しむ、という人もいるかもしれませんが、やはり小説は縦書きで読みたい、と感じる人も［　　5　　］と思います。

（注）公文書＝国や地方自治体などの機関が作る公的な文書

1

  1　行ったついでに　　　　　2　行ったかわりに

  3　行ったところ　　　　　　4　行ったばかりに

2

  1　出版し　　　　2　出版させ　　　3　出版させられ　　4　出版され

3

  1　にくい　　　　2　やすい　　　3　そうだ　　　4　がたい

4

  1　横書き／縦書き　　　　　2　縦書き／横書き

  3　横書き／横書き　　　　　4　縦書き／縦書き

5

  1　少なくない　　　　　　　2　少なくなる

  3　少なかった　　　　　　　4　少ない

問題10　내용이해 : 단문 内容理解 : 短文

【200자 정도의 글을 읽고, 질문에 답하는 문제】

問題　次の文章を読んで、後の問いに対する答えとして最もよいものを、1・2・3・4
から一つ、選びなさい。

10－1

　日本では、「対立」を「悪」と考える傾向がある。例えば、同じ政党にいる議員同士
の意見が違う場合、新聞は「A氏とB氏が対立」と、まるで悪いことをしているかのよ
うに書く。会社でも会議中、C氏とD氏が鋭く対立し、それが原因でお互いに感情を害
して口をきかなくなってしまう、ということもある。

　確かに対立は緊張を生むので、いやがる人も多いが、本当に避けなければならない
のは、対立そのものではなく、対立した相手とコミュニケーションを断つことだろう。
コミュニケーションのないところに新しいアイデアは生まれないからだ。

$\boxed{1}$　筆者がここで最も言いたいことは何か。
　1　対立は悪いことではないので、どんどん対立するべきだ。
　2　対立が悪いのではなく、対立した相手と話をしなくなることがいけないことだ。
　3　対立は悪いことなので、できるだけそれを避けるようにしたほうがいい。
　4　対立は悪いことだが、それを避けていてはいいアイデアは出ない。

10－2

　日本語には「擬音語・擬態語（オノマトペ）」がたくさんある。動物の鳴き声や物事の様子などを感覚的に音のように表現する言葉だ。例えば、猫の鳴き声を「ニャーニャー」と表したり、うれしさや不安、緊張した心の様子を「どきどき」と表したりする。

　オノマトペは、細かい気持ちの違いを表したり、物事の様子をわかりやすく表現したりするためには欠かせない。しかし、使い過ぎるとかえって意味があいまいになってしまう場合もある。特に書き言葉では、使う場所をよく考えてここだと思う場所に使う、それが効果的だ。

1　筆者が言う「オノマトペの効果的な使い方」をしていると考えられるのは、どれか。

　1　先生の思いがけない言葉に、教室は一瞬、しーんと静まり返った。

　2　このお菓子は、大変甘いうえ、やわらかくてすぐとろけてしまいます。

　3　この道をバーっといって、左にひょっと曲がって、そのままガーっと行けばいいよ。

　4　彼は、酒にべろべろに酔い、ふらふらしながら帰ってきて、そのままグーグー寝てしまった。

10－3

　ある作曲家に、「あなたを、曲が作りたいという気持ちにさせるいちばんのものは何か」という質問をしました。答えは何だと思いますか。美しい風景？　恋？　旅？　いいえ、答えは「締め切り」です。

　この答えにうなずく人は案外多いのではないでしょうか。私もその1人。締め切りまで時間があるときはやる気にならなかったのに、締め切りが迫ってくると不思議と集中力が高まり、いいアイデアが浮かんだりするからです。胃が痛くなることもありますが、仕事をするときのパワーとして最も強いもの、それが締め切りだといえそうです。

1　この文で、筆者は「締め切り」をどのようなものだと考えているか。

　1　とてもいやなもので、やる気をなくさせるものだ。

　2　集中力を高めてくれるが、人を病気にさせるものだ。

　3　アイデアを考えるのに必ずしも必要なものではない。

　4　仕事をするときに、最も強い力になるものだ。

10－4

　あなたは、どんな人を若いと感じますか。肌がきれいな人、背中がまっすぐ伸びている人、など見かけを判断の基準にする人もいるでしょう。私の場合、その人がどういう心を持っているか、を判断の基準にしています。人は年を取ってくると、さまざまな場面で、新しいやり方があるとわかっていても自分が慣れている方法で済まそうとするようになります。こういう人は、年齢がいくら若くても「若い」とはいえません。面倒でも必要と思ったら新しいやり方を取り入れることができる人、こういう人が若い、と私は思います。

1 　この文で、筆者はどういう人を「若い」といっているか。
　1　肌が美しく、姿勢（しせい）がとてもいい人
　2　いろいろな場面で、新しいやり方を人よりたくさん知っている人
　3　自分が慣れている方法ではない方法をやってみようとする人
　4　自分がよくわかっているやり方で、やり通そうとする人

問題11　내용이해 : 중문 　内容理解 : 中文

【500자 정도의 글을 읽고, 질문에 답하는 문제】

問題　次の文章を読んで、後の問いに対する答えとして、最もよいものを1・2・3・4から一つ選びなさい。

　「高大接続テスト（注1）」の発想は、大学の教員の間で、盛んに「基礎学力のない学生が増えた」と嘆かれるようになったことから出てきた。「質低下」が言われる要因の一つに、推薦、AO入試（注2）など特別入試枠の拡大がある。少子化が進む中、大学側が定員確保のため、大幅に広がった。

　大学進学率が5割を超えながら、定員割れ（注3）を起こす4年制私立大が半数近くある。経営の厳しい大学側は「定員確保」のために、推薦、AO入試を有効に活用する。あくまでも、「学力の高い志願者（注4）」にこだわれば（注5）、経営問題に直結する（注6）事情がある。

　教員は、①こうした入試で入った学生に学力に不安を抱えながら、講義を進めてきたものの、もはや質低下に目をつぶる（注7）ことができず、「学力を担保する（注8）テストはできないか」と検討された先に接続テストがあった。

　一方で、高校側の事情は複雑だ。ほぼ全入（注9）で、格差は開き、学ぶ内容も選択も多くなり多様化が激しい。接続テストには「現状を理解していない」として反発が強かった。その中で、委員会には、大学、高校側の両者が入り、「複数回受験」「達成度評価」で意見がまとまった。

（「朝日新聞」2009年10月19日付による）

（注1）高大接続テスト＝高校段階での学力を測り、今後、大学入試に使うことが検討
　　　　されているテスト

（注2）AO入試＝学力だけではなく、面接で、個性や適性なども見て合格・不合格を決

　　　める入試方法。「入試」は入学試験のこと

（注3）　定員割れ＝定員の数にならないこと

（注4）　志願者＝その学校に入りたいと希望する人

（注5）　こだわる＝それでなければいやだ、許せないと思う

（注6）　直結する＝すぐに影響が出る

（注7）　目をつぶる＝悪いことに対して、知らないふりをする

（注8）　担保する＝きちんと保証する

（注9）　全入＝全員大学に入れること

1　①こうした入試とは、何をさしているか。

　1　高校教育の問題点を理解していない入試制度

　2　学力の高い学生を選ぶための入試制度

　3　学力の低い学生を落とすための入試制度

　4　推薦やAO入試などの特別な入試制度

2　ここで説明されている「接続テスト」の特徴として当てはまらないものはどれか。

　1　だれもが大学に入れるようにやさしい内容である。

　2　高校と大学の両方の希望が取り入れられている。

　3　何度でも受験できる。

　4　学習の目的がどれぐらい達成できているかを測る。

問題12　내용이해 統合理解
【600자 정도의 글을 읽고 비교 등을 하며, 질문에 답하는 문제】

問題　次のＡとＢは、ある雑誌の投書欄に載った意見である。二つの文章を読んで、後の問いに対する答えとして、最もよいものを１・２・３・４の中から一つ、選びなさい。

A

　　仕事でも個人の付き合いでも、メールはなくてはならないコミュニケーションの道具だと思います。職場ではちょっとした意見交換はメールで、ということも増えています。ただ、最近、驚いたことがありました。会社で、目の前に座っている同僚から送られてきたメールです。そのメールには私に対する強い不満と批判が書かれていました。言いたいことがあれば口で言えばいいのに、わざわざメールで送ってきたのです。思わず相手の顔を見たのですが、いつもと変わらない表情で、逆に①怖い気がしました。

　　メールは、一方的に言いっぱなしにすることができます。面と向かって言いにくいからこそ、メールで送ってきたのだと思いますが、メールに頼ってばかりいると「面と向かっていう力」がだんだん落ちてくると思います。（45歳・会社員）

B

　　メールは本当に便利な連絡手段です。最近は友達と出かける約束をするのもほとんどメール。携帯電話のメールなら本人に直接届いて、すぐに返事がくるので安心です。相手の時間を気にすることなく、こちらが好きなときに送っておけばいいのも便利です。

　　また、メールは自分の本当の気持ちを伝える手段としても便利だと感じます。例えば電話や顔を見て話しているときは言えなかったことも、メールだと伝えやすい場合もあります。私は今、東京の大学に通っていて、親と離れて暮らしていますが、メールを使うようになって、前よりも感謝の言葉を素直に伝えられるようになりました。家にいるときはけんかばかりしていたのに不思議なものです。（20歳・学生）

1　①怖い気がしました、というのはなぜか。

1　相手にメールを見られ、こちらが強い不満を持っていることが相手にわかってしまったから。

2　相手が、自分に対して、とても強い不満を持っていることがわかり、いつ、なぐられるか、わからないから。

3　相手が、表面的には、自分に対して不満を持っているようにまったく見えないのに、心の中で強い不満を持っていることがわかったから。

4　自分が言いたいことがあるのに、きちんと口で言うことができなくなっていることに気が付いたから。

2　AとBは、メールについて、どう思っているか。

1　AもBも、便利な手段だが使いすぎるのはよくない、と考えている。

2　AもBも、言いにくいことを相手に伝えるのにとてもよい手段だ、と言っている。

3　Aは、言いたいことがあるならメールでなく口で言うべきだ、Bはけんかをするときはメールを使わないほうがいい、と言っている。

4　Aは、気持ちを伝えるときに頼りすぎるのはよくない、Bは、気持ちを伝えやすい手段だと考えている。

問題13　내용이해 : 장문 主張理解 : 長文
【900자 정도의 글을 읽고, 필자의 주장이나 의견을 파악해 질문에 답하는 문제】

問題　次の文章を読んで、後の問いに対する答えとして、最もよいものを１・２・３・４から一つ選びなさい。

　最近、日本の大相撲の世界では外国出身の力士 (注1) がたくさん活躍している。力士の最高地位である「横綱」は、現在２名いるが、両者ともモンゴル出身だ。横綱に次ぐ地位である「大関」、さらにその下の「関脇」「小結」などの地位にも、モンゴルやブルガリア、エストニア、グルジアなどの出身の力士が名前を連ねている。体は小さくても、足腰の強さとスピードで面白い相撲を見せてくれる力士もいれば、大きな体と怪力 (注2) を生かし、豪快な (注3) 相撲で観客を楽しませてくれる力士もいる。

　しかし、これだけ外国人力士が活躍し、面白い相撲を見せてくれているにもかかわらず、相撲ファンの中から多く聞かれるのが、「日本人の強い力士がいないと面白くない」という意見だ。相撲評論家や相撲好きだと語る有名人の中にも、同じことを言う人がいる。私は、①これを聞くたびに違和感 (注4) を覚える。

　確かに、今、上の地位に日本出身の力士の数が少なくなっているというのは事実だ。しかし、相撲界に入って一生懸命、稽古をして地位を上げてきた、というのは、日本出身であろうと外国出身であろうと同じはずだ。文字通り、同じ土俵 (注5) に立つ「力士」なのに、どうして、「外国人」「日本人」という線引きをするのかが、私にはわからないのだ。相撲を面白くしてくれる力士なら、出身なんてどうでもいいじゃないか。

　もう１つ、よく聞かれるのが、「外国人力士だから日本の相撲は本当にはわからない」という言葉だ。このように「外国人力士」と、一括り (注6) にしてしまうのは、実は「日本人はまじめ」とか「アメリカ人は陽気」などと、ステレオタイプ化して (注7) ラベルをはる、ということにも通じているように思う。もし、あなたが違う国の人と話していて、「日本人は冷たい。だから、あなたも冷たい人ですね」と決めつけられたら、いやだと思うのではないだろうか。

　一括りにして語られると、一見わかりやすい気がして、そう思い込んでしまう。しかし、これは危険。こういう「一括りにして語られていること」に出会ったら、意識的に疑ってかかる。そういうくせをつけておいたほうがいい。「外国人力士」と、一括りに考えるのではなく、「朝青龍」「把瑠都」（注5）と考えるようにしてみよう。人によってはられたラベルは簡単に信じないことだ。

（注1）　力士＝相撲を取ることを職業としている人

（注2）　怪力＝ものすごく強い力

（注3）　豪快な＝力強くて、見ていて気持ちのいい様子

（注4）　違和感＝「そうである」と賛成できない気持ち、違うと思う気持ち

（注5）　土俵＝相撲をとる競技場。土を盛り上げた上に、俵で円が作られている

（注6）　一括り＝違う種類のものも一緒に一つにまとめること

（注7）　ステレオタイプ化する＝考え方や物の見方を型にはめること。決めつけること

（注8）　「朝青龍」「把瑠都」＝力士の名前（2010年1月現在）。朝青龍はモンゴル出身、
　　　　　把瑠都はエストニア出身

[1]　①これとは、何を指しているか。

　1　日本人の強い力士がいないと面白くない、という意見

　2　外国人の強い力士が活躍していて面白い、という意見

　3　外国人、日本人にかかわらず、面白い相撲を取る人が少なくなった、という意見

　4　日本人の強い力士がたくさんいて面白い、という意見

[2]　筆者の考えに合っているものはどれか。

　1　外国人力士と日本人力士は違うのだから、1つにまとめて考えないほうがいい。

　2　「外国人」「日本人」などと、1つにまとめて考えず、一人ひとりを見たほうがいい。

　3　「外国人」「日本人」と、1つにまとめて考えるのはよくないが、多くの人が言っ
　　　ていることでもあるので信じたほうがいい。

　4　外国人力士と日本人力士を区別するのはよくないが、外国人力士には、日本の相
　　　撲をもっと理解してもらいたい。

問題14　정보검색 情報検索
【700자 정도의 글을 읽고 필요한 정보를 찾아내서 질문에 답하는 문제】

問題　次は、「杉山市(すぎやま)」が開くフリーマーケットの参加案内である。下の問いに対する
答えとして、最もよいものを1・2・3・4から一つ選びなさい。

1　次の人のうち、このフリーマーケットに参加する場合に代表者になれないのはだれか。
 1　杉山市内の高校に通う17歳の女子高校生。母親、妹と一緒に参加する。
 2　杉山市に在住で、隣の白田市にある会社に勤務する23歳の会社員。
 3　杉山市外に住む19歳の大学生。弟が杉山市内の高校に通っている。
 4　杉山市外に住み、市内の大学に通う19歳の大学生。

2　各グループが売ろうと考えている販売品のリストである。販売できる品物がそろっ
ているのはどれか。
 1　子どものスカート・鳥かご・猫の形の貯金箱
 2　子どものマンガ本・おもちゃのピストル・バッグ
 3　映画のビデオ・頭痛薬・着物
 4　犬の首輪・使わないタオル・手作りのケーキ

3　杉山市内に住む高校生「高田みちる」が、このフリーマーケットに申し込む場合、
はがきに書く内容として正しいのはどれか。

1		2	
代表者：高田みちる（16歳）		代表者：高田みちる（16歳）	
住　所：〒200-0091　杉山市原川2-3-11		住　所：杉山市原川2-3-11	
学校名：杉山市立西川高校		連絡先：080-1234-1234	
責任者：高田さえこ（43歳）			

3		4	
代表者：高田みちる（16歳）		代表者：高田みちる（16歳）	
住　所：〒200-0091　杉山市原川2-3-11		住　所：〒200-0091　杉山市原川2-3-11	
連絡先：michhiy@▽○▽.co.jp		連絡先：080-1234-1234	
責任者：高田さえこ（43歳）		責任者：高田さえこ（43歳）	

フリーマーケット参加案内

1．参加できる方

①市内に住んでいる方
　※グループで申し込む場合、代表者１名が市内在住であれば可。

②市内の会社に勤務、または市内にある学校に通っている方
　※高校生も参加可。ただし、当日、20歳以上の者が一緒に参加することが必要。

③家庭用の不用品を販売することを目的とする方
　※販売を職業とする方の出店は不可。

2．参加料

１グループにつき1000円

3．申し込み方法

往復はがきで、下記を明記のうえ、市民サービス課にお送りください。
電話、FAXでは受け付けません。

①代表者の名前・年齢　②代表者の住所・郵便番号
③代表者の連絡先（携帯電話番号だけでも可。メールアドレスは不可）
※市外在住で、市内に勤務・通学の方は、勤務先または学校名を記入ください。
※高校生が代表者の場合は、責任者の名前・年齢も一緒に書くこと。

4．応募締切

開催日（5月25日）の１カ月前

5．禁止事項

・次のものは売ってはいけません。
医薬品／刃物（ナイフ）類や銃（おもちゃも含む）／ポルノ雑誌とポルノビデオ
／コピー品／盗んだ物／爆発する恐れのある物（薬品・ガスボンベ・花火など）
／生き物

・会場内のほかの店で買ったものを、自分の店で売ること。

・食品の販売は一切できません。

6．その他

※希望者が多い場合は、抽選になります。出店の可否は、応募締切から１週間以内に、
　代表者にはがきで連絡します。

※出店場所はくじ引きで決定します。

※くじ引きは、開催日の前日午後３時から、会場となる杉山公園の正門前で行います。
　代表者が参加してください。

※くじ引きに参加できない方は、市が適宜、場所を決定します。

第2部

청해 聴解

問題 1　과제 이해 課題理解
【문제해결에 필요한 정보를 듣고, 적절한 답을 고르는 문제】

問題　まず質問を聞いてください。それから話を聞いて、問題の1から4の中から、正しい答えを一つ選んでください。

1番 CD 1

1　調査に答えてくれる人を見つけること
2　調査の結果をまとめること
3　調査用紙を送ること
4　調査用紙を作ること

2番 CD 2

1　読書感想文を書くための本を読む
2　本棚を作る
3　読書感想文を書く
4　本棚を作るための材料を買う

3番 CD 3

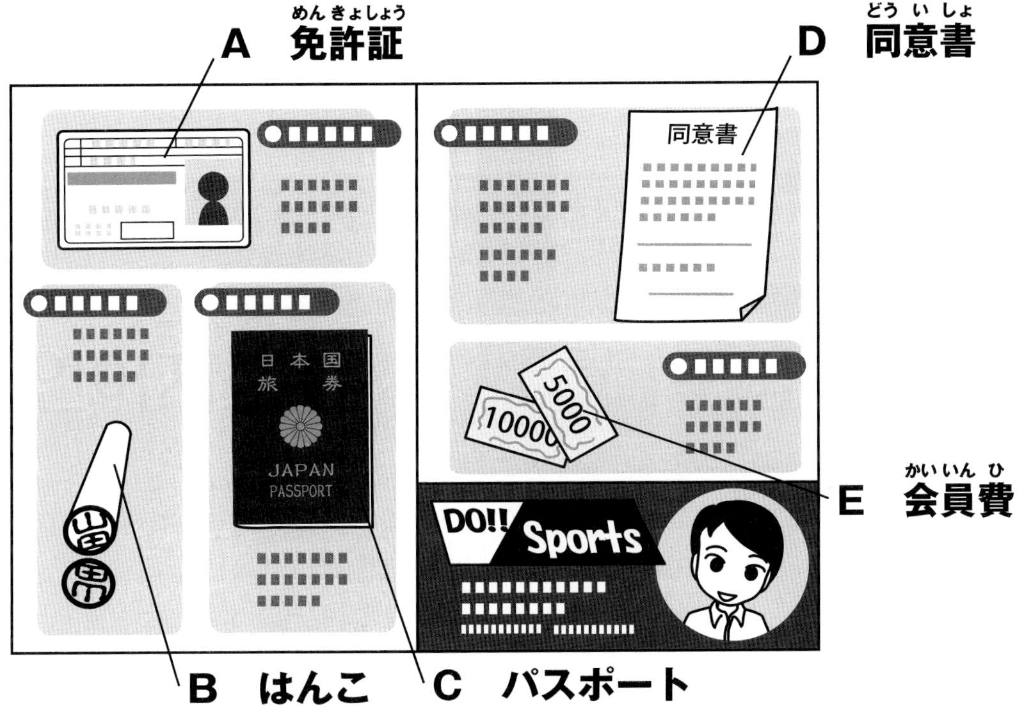

1 C・D

2 A・B

3 A・D

4 D・E

4番 CD 4

1 紙の皿・フォーク30本・スプーン30本
2 大きい皿・フォーク30本・スプーン15本
3 紙の皿・フォーク30本・スプーン15本
4 フォーク30本・スプーン15本・紙コップ

5番 CD 5

1 金曜日の夜
2 土曜日の午前中
3 土曜日の夜
4 日曜日の午前中

6番 CD 6

1 渡辺さんに、納品を1日延ばしてほしいと伝える
2 渡辺さんに、工場に荷物を受け取りに行ってほしいと伝える
3 工場に連絡して、工場に荷物を取り行き、渡辺さんに届ける
4 工場に連絡して、荷物を渡辺さんに届けてほしいと伝える

7番 CD 7

1　金曜日の2時までに、メールで名前案を送る
2　金曜日の会議の時に、名前案を考えて発表する
3　木曜日の3時までに、メールで名前案を送る
4　金曜日の1時までに、メールで名前案を送る

8番 CD 8

1　来年、もう一度、授業を取りなおす
2　これからすべての授業に出て、3月までにレポートを出す
3　来年、海外の大学に留学して、単位を取りなおす
4　これからすべての授業に出て、12月中にレポートを出す

9番 CD 9

1　風呂に入ること
2　うがいをすること
3　水をたくさん飲むこと
4　酒を飲むこと

10番 ◎ CD 10

1 1時20分に、企画書をアルファ産業に届ける
2 3時20分に、アルファ産業の建物の前で部長に企画書を
　渡す
3 3時30分に、企画書をアルファ産業に届ける
4 3時30分に、アルファ産業の建物の前で部長に企画書を
　渡す

問題2　포인트 이해 ポイント理解

【과제 해결에 필요한 포인트를 듣고 파악해서, 적절한 답을 고르는 문제】

問題　まず質問を聞いてください。その後、選択枝を読んでください。それから話を聞いて、問題の1から4の中から、正しい答えを一つ選んでください。

1番　◎ CD11

1　大事な仕事を任されて、仕事が多いから
2　部長が、つまらない仕事をたくさんさせるから
3　部長が、最後になって仕事をやり直しさせるから
4　部長が、仕事中、つまらない冗談ばかり言うから

2番　◎ CD12

1　サッカーくじが当たったから
2　競馬で勝ってお金が入ったから
3　サッカーで応援していたチームが勝ったから
4　競馬で応援していた馬が勝ったから

3番 CD13

1　娘の運動会に行くから
2　奥さんが病気になったから
3　奥さんが家を出て行ってしまったから
4　急に病気になったから

4番 CD14

1　小さいころから花が好きだったから
2　多くのお客さんに会えるから
3　きれいな花にいつも囲まれているから
4　じっとしているのが好きではないから

5番 CD15

1　成績が下がってしまったから
2　友だちに勉強で負けたくないから
3　友だちが楽しそうだから
4　友だちが塾に行って成績が上がったから

6番 ◎ CD16

1　自分のつらい経験を広く知らせるため
2　薬の恐ろしさを、いろんな人に知らせるため
3　薬の使用を、早く国にやめさせるようにするため
4　早く治療すれば治るということを知らせるため

7番 ◎ CD17

1　2番線の電車が早く発車するから
2　2番線の電車なら座れるから
3　3番線の電車では待ち合わせに遅れるから
4　3番線の電車が込むから

8番 ◎ CD18

1　風や太陽の力を利用した発電方法を広めること
2　貧しい国を助けること
3　風力を利用して農作物を作る方法を生み出すこと
4　地球温暖化を防止すること

9番 ◎ CD19

1 絵をかく技術をしっかり教えてもらえること
2 コンピューターで絵をかく技術を学べること
3 新しいコンピューターの設備が整っていること
4 コンピューターの仕事をしている先生が多いこと

10番 ◎ CD20

1 結婚するから
2 ちゃんと就職したいから
3 店長がきらいだから
4 子どもが生まれるから

問題3　개요 이해 概要理解

【내용 전체를 듣고 화자의 의도나 기분을 파악하는 문제】

問題　問題用紙には何も印刷されていません。まず話を聞いてください。それから質問と選択枝を聞いて、1から4の中から、正しい答えを一つ選んでください。

1番　◎ CD 21

メモ

2番　◎ CD 22

メモ

3番 ◎CD23

メモ

4番 ◎CD24

メモ

5番 ◎CD25

メモ

6番 CD26

メモ

7番 CD27

メモ

8番 CD28

メモ

9番 ◉ CD 29

メモ

10番 ◉ CD 30

メモ

問題4　즉시 응답 即時応答
【짧은 대화를 듣고, 적절한 응답을 고르는 문제】

問題　問題用紙には何も印刷されていません。まず文を聞いてください。それからそれに対する返事を聞いて、1から3の中から正しい答えを一つ選んでください。

1番 ◎ CD 31

> メモ

2番 ◎ CD 32

> メモ

3番 CD33

メモ

4番 CD34

メモ

5番 CD35

メモ

6番　 CD36

メモ

7番　 CD37

メモ

8番　 CD38

メモ

9番 ◎ CD39

メモ

10番 ◎ CD40

メモ

11番 ◎ CD41

メモ

12番 ◉ CD42

メモ

13番 ◉ CD43

メモ

14番 ◉ CD44

メモ

15番 CD45

メモ

16番 CD46

メモ

17番 CD47

メモ

18番 ◎ CD48

メモ

19番 ◎ CD49

メモ

20番 ◎ CD50

メモ

問題5　통합 이해 統合理解
【다소 긴 복잡한 내용을 듣고, 적절한 답을 고르는 문제】

問題　問題用紙には何も印刷されていません。まず話を聞いてください。それから質問と選択枝を聞いて、1から4の中から、正しい答えを一つ選んでください。

1番　◎ CD 51

メモ

問題　まず話を聞いてください。それから二つの質問を聞いて、それぞれ1から4の中から、正しい答えを一つ選んでください。

2番　◎ CD 52

質問1

1　長原公園
2　清山大学前
3　山城町
4　泉田

質問2

1　長原公園
2　清山大学前
3　山城町
4　中央センター

問題　まず話を聞いてください。それから二つの質問を聞いて、それぞれ1から4の中
から、正しい答えを一つ選んでください。

3番　◎ CD 53

質問1

1　働くのがきらいなので、できるだけ仕事はしたくない
2　働くのはきらいではないが、自分の時間を大事にしたい
3　働くのが好きなので、自分の時間がなくてもいい
4　働くのは好きではないが、仕事はしなくてはいけない

質問2

1　資格試験のための勉強をしているから
2　パート社員にはあまり仕事をさせてもらえないから
3　仕事より、好きな趣味をしたいから
4　仕事が忙しすぎて、体を壊したから

問題　問題用紙には何も印刷されていません。まず話を聞いてください。それから質問と選択枝を聞いて、1から4の中から、正しい答えを一つ選んでください。

4番　◎ CD54

メモ

問題　まず話を聞いてください。それから二つの質問を聞いて、それぞれ1から4の中から、正しい答えを一つ選んでください。

5番　◎ CD 55

質問1

1　14日
2　17日
3　25日
4　28日

質問2

1　病院に健康診断を受けに行く
2　取る科目を決めて学生部に提出する
3　家に帰ってホームページで講義要項を見る
4　講義要項を学生部にもらいに行く

問題　問題用紙には何も印刷されていません。まず話を聞いてください。それから質問と選択枝を聞いて、1から4の中から、正しい答えを一つ選んでください。

6番　CD56

メ モ

해답 

第1部　언어지식（문자・어휘・문법）・독해　言語知識（文字・語彙・文法）・読解

問題1　한자 읽기　漢字読み

1	2	2	4	3	2	4	1	5	3	6	3	7	1	8	3
9	4	10	1	11	1	12	2	13	4	14	3	15	3	16	2
17	3	18	3	19	1	20	3								

問題2　표기　表記

1	2	2	1	3	3	4	1	5	4	6	2	7	1	8	1
9	2	10	3	11	1	12	4	13	3	14	4	15	2	16	1
17	3	18	4	19	3	20	4								

問題3　語형성　語形成

1	3	2	1	3	2	4	3	5	4	6	2	7	1	8	3
9	1	10	1	11	2	12	4	13	3	14	3	15	2	16	4
17	1	18	2	19	4	20	2								

問題4　문맥 규정　文脈規定

1	1	2	3	3	1	4	2	5	3	6	2	7	4	8	1
9	3	10	4	11	3	12	2	13	4	14	2	15	3	16	3
17	2	18	4	19	2	20	1								

問題5　유의어로 바꾸기　言い換え類義

1	1	2	2	3	2	4	1	5	3	6	2	7	3	8	4
9	2	10	1	11	4	12	3	13	1	14	1	15	2	16	1
17	3	18	2	19	1	20	1								

問題6　용법　用法

1	3	2	1	3	2	4	1	5	1	6	4	7	3	8	1
9	2	10	4	11	3	12	2	13	4	14	1	15	2	16	1
17	4	18	2	19	4	20	1								

問題7　문장의 문법1:문법형식의 판단　文の文法1:文法形式の判断

1	4	2	2	3	1	4	3	5	2	6	4	7	3	8	4
9	4	10	3	11	3	12	3	13	2	14	3	15	4	16	1
17	1	18	2	19	4	20	3								

問題8　문장의 문법2:문장의 구조　文の文法2:文の組み立て

1	1	2	1	3	3	4	4	5	1	6	2	7	4	8	1
9	4	10	1	11	4	12	1	13	2	14	3	15	2	16	2
17	4	18	3	19	1	20	1								

問題9　글의 문법　文章の文法

9−1

1	2	2	1	3	4	4	3	5	1

9−2

1	3	2	1	3	2	4	4	5	1

9−3

1	3	2	4	3	2	4	3	5	1

問題10　내용 이해:단문　内容理解:短文

10−1　　1　　2

10−2　　1　　1

10−3　　1　　4

10-4　　□1　　3

問題11　내용 이해 : 중문　内容理解 : 中文

□1　4　　□2　　1

問題12　종합이해　統合理解

□1　3　　□2　　4

問題13　주장 이해 : 장문　主張理解 : 長文

□1　1　　□2　　2

問題14　정보 검색　情報検索

□1　3　　□2　1　　□3　4

第3部　청해　聴解

問題1　과제 이해　課題理解

1番	2	2番	3	3番	4	4番	3	5番	4	6番	3
7番	1	8番	4	9番	1	10番	2				

問題2　포인트 이해　ポイント理解

1番	3	2番	4	3番	1	4番	2	5番	3	6番	3
7番	3	8番	2	9番	3	10番	2				

問題3　개요 이해　概要理解

1番	4	2番	1	3番	3	4番	1	5番	3	6番	4
7番	1	8番	2	9番	2	10番	3				

問題4　즉시 응답　即時応答

1番	2	2番	3	3番	2	4番	1	5番	3	6番	1
7番	3	8番	1	9番	2	10番	1	11番	2	12番	3
13番	1	14番	2	15番	3	16番	1	17番	3	18番	1
19番	2	20番	2								

問題5　종합 이해　統合理解

1番　　2

2番　　質問1　3
　　　　質問2　2

3番　　質問1　2
　　　　質問2　1

4番　　2

5番　　質問1　2
　　　　質問2　4

6番　　2

청해 문제 스크립트

（Ｍ＝男性、Ｆ＝女性、子ども）

問題1　과제이해 課題理解

1番　◎ CD 1

先生と女子学生が話しています。女子学生がこの後、最初にすることは何ですか。

Ｆ：あのー、先生。来週提出の運動に関する調査のレポートなんですが、どうしても間に合いそうになくて……。申し訳ないんですが、締め切りを次の週に延ばしていただけないでしょうか。

Ｍ：え、それは困りましたね。どの部分ができなくて、間に合わないんですか。調査用紙はもうできているんですよね。返事があまり返ってこないんですか？

Ｆ：ええと、実は調査用紙は作ったんですが、回答してもらう人が見つからなくて……。

Ｍ：ええ！　じゃあ、まだ頼んでないんですか？

Ｆ：あ、いえ、頼める人には頼んで10人ぐらいは集まっています。

Ｍ：仕方ないですね。じゃあ、集まっている分でいいからまとめるように。ほかの人はちゃんとやっているんですから、締め切りは守ってください。

Ｆ：わかりました。

女子学生がこの後、最初にすることは何ですか。

2番　◎ CD 2

父親と子どもが話しています。子どもがこの後、最初にすることは何ですか。

Ｍ：来週からまた学校、始まるけど、宿題、もう終わってるのか？

Ｆ：言われなくたって、ちゃんと間に合うように考えてるから大丈夫だよ。英語の問題集は終わってるし、読書感想文も本はもう読んだからあとは書くだけ。

Ｍ：それならいいけど。そうそう、自由研究で本棚作るって言ってたじゃないか。

Ｆ：それって、お父さん、手伝ってくれるんでしょ？　だから、まだやってない。

M：え、父さん、手伝えないよ。明日から出張だぞ。

F ：え？　そうなの？　それは大変。

M：材料はもう買ってあるのか？

F ：まだだから買いに行かなくちゃ。あ、でもその前に、書くほう、やっちゃおうっと。

子どもがこの後、最初にすることは何ですか。

3番 ◎ CD 3

男の人と女の人がスポーツクラブの受付で話しています。男の人がこの後、用意するものは何ですか。

M：すみません、こちらの会員になりたいんですけど……。

F ：はい、申込書はお持ちでしょうか。

M：はい、こちらです。

F ：ありがとうございます。はんこも……押してありますね。今日は身分を証明するもの、お持ちですか。免許証とかパスポートとか。

M：えーと、学生証ならありますけど。

F ：あ〜、まだ高校生ですね。申し訳ありません。これだけですとちょっと……。

M：あ、パスポートなら、今、持っています。

F ：そうですか。でも、高校生の場合、あと、同意書が必要なんですよ、お父さんかお母さんの。

M：わかりました。じゃ、用意してきます。

F ：それと会員費として1万5000円をいただくことになっているのですが……。

M：あ、それもじゃあ、後で一緒に持ってきます。

男の人がこの後、用意するものは何ですか。

4番 ◎ CD 4

男の人と女の人がパーティーの準備について話しています。女の人が、買わなくてはならないものは何ですか。

M：来週のパーティーで使うもの、確認しておこうか。これが用意するもの。

F：ありがとう。えーと、紙のお皿が50枚か。これは買わないとね。それと、料理を
　盛り付けるための大きなお皿が10枚。

M：あ、大きいのは去年のものが余ってるから買わなくて大丈夫だよ。

F：あ、そう。じゃ、いいか。あとはスプーンとフォークがそれぞれ30本。うーん、
　今年はスプーン、いらないでしょう。スープないから。

M：うーん、やっぱり子どももいるから買っておいたほうがいいよ。じゃあ半分でいい
　んじゃない？　あと、飲み物用の紙コップも必要だよ。

F：あ、それも去年のが余っているから、大丈夫だよ。じゃ、私、足りないもの、買
　ってくる。

女の人が、買わなくてはならないものは何ですか。

5番　◎ CD 5

息子と母親が電話で話しています。母親は、荷物をいつ届くように送りますか。

F：あ、とも君？　あのね、近所の農家の人から、りんごをたくさんいただいたのよ。
　それで、とも君のところにも、少し送ってあげようと思って。明日うちにいる？

M：ありがとう。あー、でも明日は会社で、夜遅くなっちゃうんだ。

F：明後日の土曜日は？　お休みでしょ？

M：うん、休みなんだけど、昼からまた、出ちゃうんだよね。

F：そしたら、午前中指定の配達にしておこうか。食べ物だし、早く送ったほうがい
　いと思うんだけど。

M：うーん、この辺、午前指定っていっても、お昼近くになったりすることがあるから
　なあ……。危ないから、その次の日の午前中にしてもらえるかな。

F：うん、わかった。じゃ、それで送るね。

母親は、荷物をいつ届くように送りますか。

6番 CD 6

女の人と男の人が会社で話しています。女の人は、この後、何をしなければなりませんか。

M：あ、高橋さん、さっき、ライフ社の渡辺さんから、今日届くはずの荷物がまだ届いてない、確認してほしいって、連絡があったんだけど……。

F：え？　昨日、工場の作業が遅れているので、届けるの、1日、延ばしてほしいって、木村さんに連絡入れておいたんですが……。渡辺さんに伝わってなかったのでしょうか。

M：そうですか。渡辺さん、かなり困った様子でしたよ。作業はまだ終わらないんですか。

F：いえ、2時ぐらいに終わった、と聞いています。工場に受け取りに行って、直接、届けましょうか。

M：そうしたほうがよさそうですね。じゃ、高橋さんから工場へ連絡お願いします。渡辺さんには私のほうから連絡しておきましょう。

F：ありがとうございます。よろしくお願いします。

女の人は、この後、何をしなければなりませんか。

7番 CD 7

会議で、女の人が、話しています。会議に出た人たちは、次の会議までにどうしますか。

F：では、次の会議は、来週金曜日、3時からということでお願いします。それまでに、新商品の名前を1人10案、考えてきてください。

M：グループで考えてもいいですか。

F：一緒に考えてもいいですが、1人が提出する案の数は守ってください。あ、それと、考えるときは、1つ1つができるだけ違うものになるように気をつけてください。同じような言葉を使わないように。そのほうがアイデアが広がりますから。

M：考えたアイデアは、会議のときに発表するということでいいですか。

F ：えーと、会議の前に私のところにメールで送ってください。会議開始の1時間前を締め切り、ということでお願いします。

会議に出た人たちは、次の会議までにどうしますか。

8番 CD 8

学校で、先生と女子学生が話しています。この女子学生は、何をしなければなりませんか。

M ：清水さん、ちょっといいですか。清水さん、出席日数が足りないので、このままだと単位をあげるわけにはいかないんですよね。

F ：……はい、わかっています。申し訳ありません。来年もう一度、授業を取るつもりです。

M ：実は私は、来年から2年間、海外の大学に行ってしまうんですよ。だから、今年授業を取った人にはできれば単位を取ってほしいと考えているんです。清水さんは成績も悪くないし、これから残りの授業に全部出席すれば出席日数は足りたと認めることにします。

F ：え、本当ですか。

M ：ただ、それではちゃんと出席している人と不公平になるので、レポートを年末の休みに入る前に出すこと。この2つの約束を守れたら単位をあげましょう。どうですか。

F ：ありがとうございます。がんばります。

この女子学生は、何をしなければなりませんか。

9番 CD 9

女の人と医者が診察室で話しています。この女の人が、今日の夜、してはいけないことは何ですか。

M：どうですか、のどの痛みは？　ちょっと口をあけて見せてください。……あ～、この間はだいぶはれていましたが、よくなってきましたね。

F：はい。おかげさまで楽になりました。熱も下がったし。

M：そうですか。でも、治りかけのときが一番大事ですから、無理はしないように。お風呂ももう一晩、我慢しましょう。寝る前のうがいは忘れずにやってくださいね。水分もたっぷり取らないといけませんよ。

F：はい。先生、お酒は……？

M：少しだけなら構いませんよ。

F：わかりました。

この女の人が、今日の夜、してはいけないことは何ですか。

10番　CD 10

女の人と男の人が会社で話しています。この女の人はこの後、どうしますか。

F：部長、すみません。昨日作成したアルファ産業さんに提出する資料なんですが、よく見たら間違っているところがあって……。

M：え、そうなんですか。困ったなあ。午後、それを持って出ようと思ってたんだけど。

F：申し訳ありません。何時ごろにお出かけになりますか。

M：1時。それまでに、なんとか間に合わないですか。

F：申し訳ありません、ちょっと……。

M：そうしたら、先に別のお客さんのところに行くので、直したものを後で持ってきてくれますか。アルファ産業さんのビルの前で会いましょう。3時半が約束の時間だからその10分前に。

F：承知しました。本当に申し訳ありません。

この女の人はこの後、どうしますか。

問題2　포인트 이해 ポイント理解

1番　CD 11

男の人と女の人が会社で話しています。女の人は、どうして遅くまで働いているのですか。

M：最近、ずいぶん遅くまで働いてるじゃない。仕事、忙しいの？

F ：うん、まあね。今度の部長って、重要な仕事も結構任せてくれるんだよね。

M：いいじゃない、つまらない仕事をさせられるより、重要な仕事を任せてくれるなら。それで張り切って遅くまでがんばってるのか。

F ：そうならいいんだけど……。部長、途中で報告しても、あんまり聞いてないくせに、最後に出来上がったものを見せると、「これじゃだめだ、やり直し」って……。

M：えー、ひどいね。「冗談じゃありません！」って言ってやればいいのに。

F ：でも、確かに直したほうがよくなるんだ。で、つい遅くまで、ってことになるわけ。

M：そうなんだー。

女の人は、どうして遅くまで働いているのですか。

2番　CD 12

女の人と男の人が話しています。男の人は、どうして喜んでいるのですか。

F ：加藤さん、どうしたの？　うれしそうな顔しちゃって。サッカーくじでも当たったの？

M：え、そんな僕、うれしそう？　そう、当たったんだー。

F ：え！　ほんと？　で、いくら当たったの？

M：100万円！……　なーんちゃって、うそ。でも、実は競馬で……。

F ：えー、当てたんだ。すごい。いくら？

M：もう、君はすぐお金の話になるんだから。そうじゃなくて、ずっと応援してた馬が、初めて勝ったんだよ。ゴールの瞬間、感動的だったなあ。

F ：なーんだ。

男の人は、どうして喜んでいるのですか。

3番 CD13

男の人と女の人が電話で話しています。男の人は、どうして出席できない、と言っていますか。

M：あ、田中さん？　すみません、秋山です。あのー、秋祭り実行委員会のことなんですが、次に集まるのって、今週土曜日でしたよね。

F：ええ、そうですよ。

M：実はその日、私、急に都合が悪くなってしまって……。娘の幼稚園の運動会があって……。

F：あれ、運動会、先週じゃありませんでしたっけ？

M：ええ、本当は先週だったんですが、雨で今週に延期になっちゃったんですよ。

F：あ、そうなんですか。

M：今週だったら妻が行く予定だったんですが、急に妻が田舎の親のところに帰らなくてはならないことになってしまって……。

F：あら、そうなんですか。どなたか、具合でも悪いんですか。

M：いえ、そうではないんですが。それで、申し訳ないんですが、会議は欠席ということでお願いできますか。

F：わかりました。

男の人は、どうして出席できない、と言っていますか。

4番 CD14

男の人がインタビューに答えています。男の人が、今の仕事を選んだ一番の理由は何ですか。

M：花屋を選んだ理由ですか？　うーん、子どものころから花が好きだった、ということもありますけど、それよりも花を通して毎日、たくさんのお客さんと出会えることのほうが大きいですね。いろんな方から「こういう目的で花を贈りたいんだけど、どういうのがいいか」とか、相談されることも多いんですよ。最近、やっと希望に合う花束をつくることができて「ありがとう」と言っていただけることが増えてきました。花に囲まれてきれいな仕事でいいですね、ってよく言われるんですけど、仕事中はずっと立ったままだし、慣れるまでは大変でしたよ。でも、じっと机の前に座ってるのは苦手なので、かえってよかったと思ってます。

男の人が、今の仕事を選んだ一番の理由は何ですか。

5番 ◎ CD 15

女の子と父親が話しています。女の子が塾に行きたいと言っている一番の理由は何ですか。

F ：ねえ、お父さん、私、塾に行きたいんだけど……。もっと勉強して、成績上げたいんだ。

M ：え？　自分からそんなこと言うようになるなんて。急にどうしたんだ？

F ：だって、私、最近成績下がってきちゃったし。京子ちゃんもひとみちゃんも塾に行きはじめて、すごく成績上がったんだ。私だけ勉強、遅れるのやだし。

M ：それなら家庭教師の先生、頼もう。

F ：え～、それじゃ意味ないよ。

M ：それじゃ意味ないってどういうことだ？　なんか隠してるな。ちゃんと言いなさい。

F ：……だって、みんな楽しそうなんだもん。帰りにお菓子買ったりして。私も一緒に行きたい。

M ：やっぱりそういうことか。それだったらダメだ！

女の子が塾に行きたいと言っている一番の理由は何ですか。

6番 ◎ CD 16

テレビで女の人が話しています。女の人が今の活動を続けている理由は何ですか。

F：私がこの活動を始めたのは、私自身がこの問題で、つらい思いをしたからなんです。危険な薬だということがわかっていたのに、国はその薬を使うことをやめさせませんでした。そのために被害者の数はどんどん増えてしまったんです。幸い、私は病気が進む前に治すことができましたが、今も治すことができなくて、苦しんでいる人がいるんです。恐ろしいことに、国はこの薬の使用を正式には今も中止していません。私は、国が、この薬の使用を少しでも早くやめることを決めるよう、こうして活動を続けています。

女の人が今の活動を続けている理由は何ですか。

7番 CD 17

女の人と駅員が駅の改札で話しています。女の人は、どうして2番線の電車に乗ることにしましたか。

F：あのー、すみません。南野駅に行きたいんですが、どの電車に乗ればいいですか。
M：ええと、南野駅だったら2番線の急行が一番早く着きますよ。この後、13時7分発があります。20分ぐらいで南野駅に着きますよ。
F：そうですか。でも、急行は込むでしょう？
M：ええ、込みますね。
F：荷物が多いし、できれば座っていきたいので、あまり込んだ電車だとちょっと……。各駅停車だと、どれぐらいかかりますか。
M：40分ぐらいですね。この後だと3番線から13時5分発です。
F：約束の時間は1時半だから……こっちじゃ間に合わないな。仕方ない、2番線の電車で行くか。

女の人は、どうして2番線の電車に乗ることにしましたか。

8番 CD 18

先生と男子学生が話しています。男子学生が、この研究テーマを選んだ一番の目的は何だと言っていますか。

F：小川くんの研究テーマは「自然エネルギーの有効利用」でしたね。

M：はい。主に風の力や太陽の熱や光を利用する方法について研究したいと思っているんです。

F：というと、風や太陽の光を使った発電技術の研究ですか。

M：うーん、発電そのものの技術というより、つくり出された電力をうまく利用する方法に興味があります。

F：具体的にはどんな方法ですか。

M：例えば、風が強すぎて作物が育たないとか、太陽の熱が強すぎて土地が乾いてしまう、といった場所で、逆にそれを利用して電力をつくって、それをほかの国に売るとか。本当は自然エネルギーの利用を通して、貧しい土地や国の援助をしたい、というのが狙いなんです。

F：地球温暖化の防止にも役立ちそうですね。期待してますよ。

男子学生が、この研究テーマを選んだ一番の目的は何だと言っていますか。

9番　CD19

男の人と女子学生が話しています。女子学生は、この学校に入りたい一番の理由は何だと言っていますか。

M：では、うちの学校に入って何を勉強したいのか、聞かせてください。

F：はい。私は将来、絵かデザインの仕事をしたいと考えています。専門の大学で絵をかく技術をしっかり勉強するべきだとも思ったんですが、それを専門にできるほど得意ではありません。でも、コンピューターを上手に使えれば可能性が広がるのではないか、と考えたんです。

M：それで、うちの学校でコンピューターを使って絵をかく方法を学びたい、と思ったんですね。

F：はい。こちらの学校の資料を見たのですが、教えてくださる先生が実際にデザインの仕事をしていらっしゃる方が多いですし、何といっても最新の設備が充実しているので、ぜひ、こちらで勉強したいと思ったんです。

M：わかりました。

女子学生は、この学校に入りたい一番の理由は何だと言っていますか。

10番　CD 20

男の人と女の人がアルバイトの休み時間に話しています。男の人は、どうしてアルバイトをやめようと思っていますか。

M：僕、実はそろそろここのアルバイト、やめようと思ってんだ。

F：えー、そうなの？　あ、この間、店長と言い合いしてたよね？　それで？

M：ああ、あれは意見を言い合ってただけ。店長は別にきらいじゃないよ。それより、僕も来年28だし、ちゃんと就職しないといけないな、って思ってさ。このままじゃ結婚しても子どもも育てられないし……。

F：えー、林さん、結婚するの？

M：いや、まだ相手がいるわけじゃないんだけどね。

F：なーんだ。驚いた。

M：きちんと勤めて親も安心させてやりたいしね。

F：そうだね。

男の人は、どうしてアルバイトをやめようと思っていますか。

問題3　개요이해 概要理解

1番　CD 21

女の人がテレビで話しています。

F：会社の行き帰りの時間、あなたはどのように過ごしていますか。これは20代から

50代の会社員を対象に調査した結果です。多かったのは「本や新聞を読む」「寝る」「音楽を聞く」という答えでした。そのほか、「語学の勉強をする」「メールする」「ゲームをする」という人、中には「化粧をする」「食事をする」という人もいました。これは込んでいる電車内では、ちょっと迷惑になりそうな気もしますが、皆さん、いろんなことをしているようですね。

女の人は、何に関する調査の結果について話していますか。
1 電車内のエチケット
2 電車内の迷惑な行動
3 休みの日にすること
4 通勤電車でしていること

2番 ◎ CD22

女の人が、あるプログラムについて話しています。

F：このプログラムでは、1週間、水は飲みますが、食事はまったくとりません。おなかが空いた状態では体に力が入らないし、イライラしたりしますが、つらいのは3日目までです。それを乗り越えると楽になるんです。プログラム参加中はタバコとお酒は禁止。テレビも見られません。おいしい料理を紹介する番組も多いですからね。でも1週間たつころには、むだな肉が落ちて体が軽くなりますよ。あなたも1週間、がんばって、すっきりした体型になってみませんか。

女の人が話しているのは、何に関するプログラムですか。
1 体重を減らす
2 タバコをやめる
3 酒をやめる
4 おいしい料理をつくる

3番　CD23

テレビで、男の人が携帯電話について話しています。

M：携帯電話の技術は、どんどん新しくなっていて、付けられている機能も大変多くなっていますね。でも、意外と自分が使う機能は限られている、という人は多いのではないでしょうか。こちらの携帯電話は、思い切って3つの機能に絞りました。メール、電話、それとカメラです。これでは機能が少ないという方もいるかもしれませんが、余計なものが付いていない分、形が大変すっきりしました。それに、値段も大変安くすることができました。

男の人は、携帯電話の何について、話していますか。

1　機能を増やした効果
2　技術進歩の速さ
3　機能を減らした効果
4　よく使われる機能

4番　CD24

女の人と男の人が話しています。

F：どう、新しい会社は？　だいぶ忙しいみたいだけど。
M：うん、忙しいことは忙しいよ。でも、前の会社みたいに、上司から言われたことを、ただやるんじゃなくて、自分からやりたいことをどんどん提案できるから楽しいよ。
F：それはよかった。顔がいきいきしてるよ。前は、上司と合わなかったもんね。
M：ああ、前の会社のことなんて、もう忘れたよ。それより、今進んでる計画、成功したらすごい話題になると思うんだ。
F：あなたが提案したの？
M：そう。前からずっとやりたいと思ってたことがやっと実現する、って感じ。

男の人は、何について、話していますか。

1 新しい仕事のおもしろさ

2 新しい仕事のつらさ

3 新しい職場の人間関係

4 前の仕事のおもしろさ

5番　CD 25

男の人がテレビで話しています。

M：12月の楽しみ、それはボーナス！　欧米では、特別に会社がもうかったときなどに一時的に支払われることが多いのに対して、日本では夏と年末の年2回、出るのが普通です。これは、昔の習慣がもとになったと言われています。昔、大きな商人の家には、商人の家に住みながら働いている人がたくさんいました。その人たちは、夏と年末の年2回、休みをもらって家に帰ることが許されていました。このときに主人からお金が配られました。これが年2回のボーナスの習慣として広がったと言われています。

男の人は、何について話していますか。

1 冬の楽しい習慣

2 欧米のボーナスの始まり

3 日本のボーナスの始まり

4 昔の労働者のつらさ

6番　CD 26

女の人が講演会で話しています。

F：こちらの背の低いタイプは寒さに強いので、冬の間も、家の中に入れなくて大丈夫です。ただし、水は午前中にやってください。夕方に水をやると、夜、気温が下がったときに凍ってしまって根に悪いですからね。それから、こちらの木は寒さに弱いので、家の中に入れて、日当たりのいい場所に置いてください。水は、表面の土が乾いたらたっぷりやります。毎日やらなくてもいいですよ。上手に冬を越すと、春、きれいな花をつけます。

女の人は、何について、話していますか。

1　犬を飼う方法
2　ペットの寒さ対策
3　植物の上手な飾り方
4　植物の上手な管理法

7番　CD27

男の人が講演会で裁判員制度について話しています。

M：昨年の春から、一般の人が裁判に参加する「裁判員制度」が始まりました。始まる前は、自分が人に有罪、無罪などということはできない、被告にうらまれるのが怖い、などの理由で参加に消極的な声が多く聞かれました。しかし、実際に裁判に参加した人に感想を聞いたところ、「いい経験になった」という意見が90パーセントを超えました。中には「頭が疲れた」「被告の顔を見るのが怖かった」といった意見もありましたが、今後も、多くの人の声を聞いていきたいと思います。

男の人は、裁判員制度に関する何について話していますか。

1　人々の意識
2　制度の目的
3　制度の実施方法
4　今後の問題点

8番　CD28

男の人が講演会で話しています。

M：皆さんは、たとえば英語のテストの前、寝ないで勉強して一生懸命、単語を覚えたのに、試験が終わって数日たったら、ほとんど忘れてしまった、という経験はないでしょうか。最近の記憶に関する研究では、起きているときに入ってきた情報は、一度寝ることによって整理され、きちんと記憶として残る、ということがわかってきました。一時的に覚えるだけならいいですが、しっかり記憶するには、覚えた後、十分に寝ることがとても大事なのです。

男の人は、何について、話していますか。
1　睡眠時間と試験の関係
2　記憶と睡眠の関係
3　英語の単語の覚え方
4　睡眠と健康の関係

9番　CD 29

会社で、男の人が女の人のところに来て話しています。

M：あのー、ちょっといいかな。
F：え、何？　私、これから出かけないといけないんだけど……。
M：急いでるところ、ごめん。この間の会議で配られた資料なんだけど、持ってる？
F：うん、持ってるけど。自分のは？
M：実は家で読もうと思って、持って帰ったら忘れちゃって……。
F：えー、重要な情報だから、やめたほうがいいよ、そういうこと。
M：申し訳ない。
F：見終わったらすぐ返してね。

男の人は、何をしたくて女の人のところに来ましたか。
1　資料をなくして謝りたい
2　資料を借りたい
3　一緒に家に帰りたい
4　重要な情報を教えたい

10番 ⊚ **CD 30**

テレビでアナウンサーが話しています。

M：新しく就任した知事が、ダムの建設が予定されている現場を訪問しました。この
　　ダムは8年前に建設が決まりましたが、住民たちは「ダムを作ることによって、貴
　　重な自然を壊してしまい、環境に悪い影響が出る」と主張。工事が延期されてき
　　ました。新知事は、ダム建設には否定的で、住民たちは知事の判断に注目してい
　　ます。

ダムの建設に関して、アナウンサーはどう言っていますか。
1　住民は反対だが、新しい知事は賛成だ
2　住民も新しい知事も賛成だ
3　住民も新しい知事も反対だ
4　住民は賛成だが、新しい知事は反対だ

問題4　즉시응답 即時応答

1番 ⊚ **CD 31**

M：小林さんにまた「お金、貸して」って言われちゃった。
F：1　借りたほうがいいよ。
　　2　断ったほうがいいよ。
　　3　断るつもりだよ。

2番 ⊚ **CD 32**

F：明日は、朝8時に集合でいいんだよね。
M：1　うん、だれも悪くないよ。
　　2　そんなこと、もう言われないと思うよ。
　　3　たぶん、そうだったと思うけど。

3番　CD33

M：この荷物、お客さんに届けてもらえるかな。
F：1　はい、部長がそう申しております。
　　2　はい、部長。さっそく行ってまいります。
　　3　ええ、部長には、お世話になっております。

4番　CD34

M：あーあ、忙しくて明日も休めそうにないなあ。
F：1　大変そうだね。お疲れさま。
　　2　うん、明日は忙しくないからね。
　　3　いや、あともう少しだから、やっちゃおう。

5番　CD35

F：すみません、今週中に全部、お届けするのは難しいようです。
M：1　悪いけど、そんな簡単にはできません。
　　2　それはありがとう。助かります。
　　3　困ったなあ。半分でも届けてくれませんか。

6番　CD36

F：ちょっと困るんですよ、そこに自転車止められると。
M：1　すみません。知らなかったもので……。
　　2　そうなんですよ、私も困ってます。
　　3　ちゃんとここに止めておきますから、大丈夫ですよ。

7番 CD37

M：風邪ひいちゃったみたい。今日は早めに失礼するよ。

F：1　こちらこそ、どうぞよろしくお願いします。

　　2　こちらこそ、大変失礼しました。

　　3　うん、それがいいですね。お大事に。

8番 CD38

F：どうぞ冷めないうちに召し上がってください。

M：1　では、遠慮なくいただきます。

　　2　ええ、どんどん食べていいですよ。

　　3　そうですか。では熱いほうにします。

9番 CD39

M：あのさー、映画の券あるんだけど、一緒に行ってくれない？

F：1　えー、それはあげられないよ。ごめん。

　　2　え、ほんと？　行く行く。

　　3　あ、もらってくれる？　ありがとう。

10番 CD40

M：あれ、次の燃えるごみの日って、明日だっけ？

F：1　ううん、明後日。明日は燃えないごみの日。

　　2　うん、今日はもう、ごみ出したよ。

　　3　ううん、明日は金曜日だよ。

11番　CD41

F ：ねえ、あなた、ちょっとこの手紙、出してきてくれる？
M：1　ああ、買い物に行ったきりだよ。
　　2　ああ、買い物に行ったついででいい？
　　3　ごめん、そんなつもりじゃなかったんだ。

12番　CD42

F ：手伝ってくれる人、あと何人必要？
M：1　少し多すぎたせいかもしれないね。
　　2　10人までは入れるかもね。
　　3　少なくとも、あと10人はほしいところだね。

13番　CD43

F ：もうこんな時間。今日もこの仕事、終わりそうにないや……。
M：1　明日またやればいいんじゃない？
　　2　もうとっくに終わってるんじゃない？
　　3　終わるまで、やんなきゃよかったよ。

14番　CD44

F ：棚の掃除、大変そうだね。何か手伝おうか？
M：1　申し訳ないけど、あまり期待しないで。
　　2　うん、ありがとう。でも、あと少しだから大丈夫。
　　3　えー、やだよ。手伝うなんてできないよ。

15番 CD45

F：借りてた本、こんなに汚しちゃって。どうするつもり？

M：1　ほんとだね。せっかく返すつもりだったのに。

　　2　仕方ない。謝ったんだから、もう許してあげるつもり。

　　3　どうするって、新しいの、買って謝るしかないだろう。

16番 CD46

M：ちょっと疲れたね。どこか座るところ、ないかな？

F：1　先生、どうぞこちらに、おかけください。

　　2　先生、いつでも、お越しください。

　　3　先生、座っていただくようお願いします。

17番 CD47

F：あ〜あ、私の作品、賞に選ばれなかった。残念。

M：1　やっと努力が実ったね。

　　2　おかげさまで、大丈夫みたい。

　　3　次があるから、がっかりするなよ。

18番 CD48

M：この間、休んじゃったんで、ノート貸してもらえないかな？

F：1　うん。いいけど、明日、私も使うから返してね。

　　2　うん、そんなに言うならあげるよ、ノート。

　　3　えー、そんなことさえ、できないの？

19番 ◎ CD49

F ：さすが山本さん。絵が上手ですね。

M：1　いえ、当然のことをしたまでですよ。

　　2　いえいえ、大したことないですよ。

　　3　ええ、下手でもいいと思ってるんです。

20番 ◎ CD50

F ：あら、山崎さん、お久しぶりです。

M：1　あ、田口さん。長い間、お世話になりました。

　　2　あ、田口さん。こちらこそ、ごぶさたしてます。

　　3　あ、田口さん。ごめんください。

問題5　종합 이해 統合理解

1番 ◎ CD51

家族3人が話しています。

F1：だめです！　小学生には必要ないでしょう、携帯電話なんて。

F2：えー、だってみんな、持ってるよ。持ってないの、僕ぐらいだもん。お母さんは僕が仲間はずれにされて、いじめられてもいいの？

F1：また、そういう親を心配させるようなこと言って。変なサイトを見ちゃって、あとからすごい金額を請求される、なんていうことも聞くし。お父さんはどう思う？子どもに携帯電話なんて、いらないわよね。

M ：うーん、でも今、変な事件多いし、いつでも連絡がとれるっていう点では、持たせたほうが安心な気もするなあ。いる場所がわかるサービスもあるんだろう。ちゃんとルールを守るって約束すれば、持たせてもいいんじゃないか。

F2：さすがお父さん！　わかってるなあ。

F1：そうか……。まあ、いつでも連絡できるのはいいわね。じゃ、変なサイトを見られないようにできる電話にしましょう。

F2：やったー。

女の人は、どうして子どもに携帯電話を持たせることにしましたか。

1　子どもがいじめられるのが心配だから
2　いつでも連絡が取れるようになるから
3　安い携帯電話があったから
4　変なサイトを見ないと子どもが約束したから

2番　CD52

電車の車内放送です。

M1：毎度ご乗車ありがとうございます。この電車は、急行・中央センター駅行きです。停車駅は、長原公園、清山大学前、山城町、泉田です。終点、中央センター駅には、18時43分に到着の予定です。途中、長原公園で地下鉄に、山城町でモノレール線にお乗り換えができます。また、清山大学前で、後から参ります特急電車にお乗り換えできます。中央センター駅にお急ぎの方は特急電車をご利用ください。次の停車駅は長原公園、長原公園です。

F　：あれ、山下くん、降りる駅、どこだっけ？　泉田だっけ？
M2：うん。でも、家から一番近い駅は、そこから各駅停車に乗り換えて2つ目。
F　：あ、そうなんだ。
M2：でも、今日はちょっと友だちの家による用事があるんだ。友だちんち、モノレール線だから、乗り換えなくちゃ。坂本さんは？
F　：あ、私は終点まで行くんだけど、今日ちょっと急いでるから、特急に乗り換える。
M2：そうか。

質問1　男の人は、この後、どの駅で電車を乗り換えますか。

質問2　女の人は、この後、どの駅で電車を乗り換えますか。

3番　CD53

テレビ番組で、アナウンサーがインタビューしています。

F1：今日のテーマは「仕事と自分の時間、どっちを大切にしたい？」です。会場の方
　　に意見を聞いてみましょう。こちらの若い男性の方、いかがですか。

M　：私は働くのはきらいではないですけれど、仕事だけが大事というわけではないの
　　で、自分の時間を大切にするタイプですね。

F1：なるほど。でも、お若いですし、お仕事、大変なんじゃありませんか。

M　：ええ。気持ちは自分の時間を大切にしたいのですが、実際は仕事に追われてます。
　　夜遅くまで仕事することも多いし、理想のようにはいかなくて……。

F1：そうですか。体を壊さないでくださいね。こちらの若い女性はいかがでしょうか。

F2：私は、「今は」自分の時間を大切にしていますね。

F1：「今は」といいますと？

F2：実は今、パート社員として働いているんですが、仕事以外の時間は、資格試験の
　　ための勉強をしています。だから「今は」と申し上げました。

F1：そうですか。じゃ、試験に合格したら、その後は？

F2：仕事が一番ですね。好きな仕事をしようと思っているので。

F1：好きな仕事だったら、自分の自由な時間はなくても平気だと？

F2：はい。

質問1　男の人は、どういう考え方を持っていますか。

質問2　若い女の人は、どうして、今は自分の時間を大切にしているのですか。

4番　CD54

家族3人が話しています。

M　：あ、そっち、どうだった？　ショウタ、いた？

F1：ううん、いない。川沿いにずっと見てきたんだけど、いなかった。もしかしたら

橋の下にいるかな、と思って、そこも見てみたんだけどいなかった……。

M ：そうか……。まったく、ショウタったら、どこ行っちゃったんだろう。あ、ヨウ
コが戻ってきた。どうだった？

F2：学校と公園も行ってみたんだけど……。どこ探してもいないよ〜。

F1：ショウタと仲良しの、あの子、えーっと、コウヘイくんのところは？

M ：あ、そうか。じゃ、父さんが行ってみる。

F2：あとショウタが行きそうなところは……神社かゲームセンターか……。

F1：じゃ、ヨウコ、そっちお願い。私、もう一度、川に行ってみる。

男の人がこれから行くのは、どこですか。

1　　神社

2　　友だちの家

3　　ゲームセンター

4　　川

5番　CD 55

学校の入学式で、係の人が話しています。

M1：皆さん、本日は入学おめでとうございます。早速ですが、授業が始まるまでの手
続きがいろいろありますので、説明します。まず、大学では、自分で取る科目を
決めて履修届を提出しなければなりません。締め切りは4月30日です。提出し
ないと単位が取れませんから、くれぐれも気をつけてください。それから、みな
さんには、健康診断も受けていただきます。経済学部と法学部の男子学生は4月
15日、22日、女子学生は14日、25日です。外国語学部の学生は男子、女子一緒で、
17日、28日です。自分の都合のいい日を選んで学校の指定した病院に行ってく
ださい。あ、それと各科目について、細かい内容が書かれている講義要項は、学
生部で配っていますから、まだもらっていない人は帰りにもらってください。内
容はホームページでも見られます。

F ：わー、手続きがいろいろあって大変だね。

M2：ほんとだね。履修届の提出、絶対忘れないようにしないと。もう講義要項、もらった？　僕、まだもらってなくて。

F　：私もまだ。でもホームページで見られる、って言ってたから、いいや。家に帰ってから見る。健康診断は、いつ行くの？

M2：えーと、僕は経済学部だから、このどちらかの日か……。うーん、20日までちょっと忙しいから、この日だな。

F　：そうか。私は外国語学部だから……17か28……。早めに行っておいたほうがよさそうだから、こっちにしよう。

M2：じゃ、僕、学生部寄ってから家、帰るんで、ここで。

F　：うん、わかった。じゃあね。

質問1　女子学生は、いつ健康診断に行きますか。

質問2　男子学生は、この後、最初に何をしますか。

6番　CD56

会社で、社長が社員の前で話しています。

M1：昨年の秋以降、景気が悪い状態がずっと続き、我が社の経営も厳しい状態が続いてきました。去年から、徹底的に無駄をなくし、少しでも利益を上げるよう、社員全員で努力を続けてまいりましたが、それも限界に近づいています。それで、本当はこういうことはいちばん避けたかったのですが、率直に申しますと、人を減らさざるを得ない状態となりました。申し訳ありません。やめることを希望し、今年の夏までに退職する社員には、普通よりも高い退職金を支払うこととしたいと思います。

M2：うちの会社もとうとう、か。早くやめたほうが、得かもね。

F　：でも、私たちみたいに会社に入って5年目じゃ、お金、期待できないんじゃない？それにこの不景気じゃ、次の仕事、すぐ見つかるかどうか、わかんないし。

M2：そうか……。でも、仕事を変えるなら若いうちじゃないと。

F　：それもそうだけど、私は1人で暮らしていかなくちゃならないし、不安だから、

　　　このままいられる限り、いるつもり。

M2：僕は逆に、これがチャンスかなあ、と思って。応じるつもり。

男の人は、どう考えていますか。

1　　今年の秋までに会社をやめる

2　　今年の夏までに会社をやめる

3　　やめないで会社にずっと残る

4　　やめないで5年間は残る

執筆者紹介

●**青山豊** [あおやま　ゆたか]

大阪外国語大学（現・大阪大学外国語学部）英語科卒。日本語教育能力検定試験合格。高校英語教師、民間国際交流団体職員、出版社勤務、『新版　日本語教育事典』（大修館書店、2005）編集補佐、日本語教師養成講座担当などを経て、日本語教師に。共著書に『記述問題テーマ100』（凡人社、2002）がある。

●**青山美佳** [あおやま　みか]

成城大学文芸学部マスコミュニケーション学科卒。日本語教師養成講座修了後、日本語教育能力検定試験合格。出版社勤務などを経て、フリーランス編集者・ライターに。共著に『新出題基準対応　日本語能力試験1級聴解』『同　2級聴解』（韓国・時事日本語社、2006）、『精準預測日能測験1級　聴解』（台湾・大新書局、2007）、『マンガで学ぶ日本語表現と日本文化－多辺田家が行く！』（アルク、2009）。編集ユニット「創作集団にほんご」結成、読解教材『中上級のにほんご』月刊発行。2007年、青山豊と「青山組（aoyamagumi.cocolog-nifty.com/blog）」を結成。

編集協力

●**韓国語翻訳**
　　李明華

●**イラスト**
　　花色木綿

●**日本語組版**
　　株式会社シーフォース

●**CD録音**
　　高速録音株式会社
　　財団法人　英語教育協議会 (ELEC)

●**ナレーター**
　　山中一徳
　　久末絹代

新일본어능력시험 JLPT
적중예상 문제집 N2

초판발행	2010년 3월 10일
1판 4쇄	2018년 7월 10일

저자	国書日本語学校 편저(집필자:青山豊·青山美佳)
펴낸이	엄태상
책임 편집	윤영자, 오은정, 조은형, 신명숙, 진현진
제작	조성근, 전태준
마케팅	이승욱, 오원택, 전한나, 왕성석
온라인 마케팅	김마선, 유근혜, 김제이
경영지원	마정인, 김영희, 김예원, 양희운, 박효정

펴낸곳	(주)시사일본어사
주소	서울시 종로구 자하문로 300 시사빌딩
주문 및 교재 문의	1588-1582
팩스	(02)3671-0500
홈페이지	www.sisabooks.com
이메일	sisa_book@naver.com
등록일자	1977년 12월 24일
등록번호	제 300-1977-31호

ISBN 978-89-402-7226-8 18730